KB174381

NOAM CHOMSKY의
강력최소주의와 표찰화 이론

Noam Chomsky의
강력최소주의와 표찰화 이론

© 김용석, 2021

1판 1쇄 인쇄__2021년 1월 10일
1판 1쇄 발행__2021년 1월 20일

지은이__김용석
펴낸이__홍정표
펴낸곳__글로벌콘텐츠
　　　　등록__제25100-2008-000024호

공급처__(주)글로벌콘텐츠출판그룹
　　　　대표_홍정표　이사_김미미　편집_김수아 하선연 권군오 이상민 홍명지　기획·마케팅__이종훈
　　　　주소__서울특별시 강동구 풍성로 87-6, 201호
　　　　전화__02) 488-3280　팩스__02) 488-3281
　　　　홈페이지__http://www.gcbook.co.kr
　　　　이메일__edit@gcbook.co.kr

값 20,000원
ISBN 979-11-5852-299-5 93740

NOAM CHOMSKY의
강력최소주의와
표찰화 이론

김용석 지음

글로벌콘텐츠

프롤로그

Prologue

1957년 *Syntactic Structures*(Chomsky(1957))의 출판으로 몰아닥친 이른바 '촘스키 혁명(Chomskyan Revolution)'은 그동안 경험주의철학과 구조주의문법에 짓눌려 1세기 이상을 암흑 속에 묻혀 왔던 데카르트주의 언어학(Cartesian Linguistics)을 부활시킴으로써, 언어학사상 코페르니쿠스적 전환에 버금가는 대변혁을 일으켰다. 이러한 변혁의 원동력은 바로 생성문법(Generative Grammar)의 제안이었다. 생성문법의 가장 큰 특징은 인간의 언어기능(faculty of language: FL)이 본유적(innate)이며, 바로 데카르트의 '고기토(Cogito)' 해당되는 정신영역(인지체계)의 핵심부라는 주장에 있다. 또한 이러한 주장 하에서 생성문법은 인간의 언어기능이 무한한 언어표현을 생성하는 유한한 규칙의 체계로 이루어진다고 가정하고, 바로 이 본유적인 유한한 규칙의 체계가 보편문법(UG)이며, 그 궁극적인 이론적 목표가 바로 이 보편문법의 실체를 규명하는 것이라고 본다. 따라서 촘스키 혁명으로 촉발된 '생성문법적 과업(generative enterprise)'은 이러한 목표를 향해 그 동안 압도적인 연구와 수많은 결실을 이루어내었으며, 최근 강력최소주의이론(SMT)의 등장으로 상당한 수준으로 언어의 근본적 원리들에 근접함에 이르렀다. 본서에서 소개하고자 하는 Chomsky(2008, 2013, 2015)의 표찰화 이론(Labeling Theory)은 강력최소주의적 명제(命題)의 실현에 마지막 남은 장막을 헤치고 진리의 실체에 당도하려는 도전적 시도로 평가된다.

사실, '생성문법적 과업'에서 가장 두드러진 두 가지 개념을 들라면, 그건 바로 인간이 본유적으로 타고나는 언어기능의 최초상태(initial state)인 보편문법(UG)과, 일정한 경험의 과정을 거쳐 도출되는 언어기능의 최종상태(final state)인 내재언어(I-languages)이다. 내재언어에 대한 기술적 타당성(descriptive adequacy)의 추구는 결과적으로 보편문법에 대한 복잡다단한 가정들을 요구하게 되었던 바, 이러한 문제점의 해결이 생성문법적 과업의 우선적인 목표 중의 하나가 되었으며, 그 핵심적 과제로는 합성성(compositionality), 어순(order), 투사(projection)(즉, 표찰화(labeling)), 그리고 전위(displacement) 등의 문제가 있었다. 생성문법적 과업의 초기에는 합성성, 어순, 투사의 문제는 구구조규칙(phrase structure rules: PSR)이 담당했으며, 전위는 변형영역(transformational component)에서 다루었다. 그러나 생성문법적 과업의 발전에 따라 언어의 연산 과정이 점차 단순화되고, 그 결과 최근 최소주의 프로그램에 이르러서는 합성성과 전위는 복사이론(copy theory)의 도움으로 병합(Merge)의 연산에 귀속되었고, 어순은 감각운동접합부의 외현화

(SM externalization)의 결과로 취급하게 되었다. 이러한 결론은 앞으로 여러 가지 중대한 결과들을 낳을 것으로 기대되지만, 투사의 문제는 아직도 어떻게 다룰 것인지 미정으로 남아있다.

투사의 문제에 대한 바람직한 강력최소주의적 해결방안이 바로 Chomsky(2008, 2013, 2015)에서 제안하는 표찰화 이론(Labeling Theory)이다. Chomsky는 이 표찰화 이론에서 '최소의 연산(MC)'과 '최소의 연산체계(C_{HL})'를 지향하는 강력최소주적 정신(SMT spirit)에 발맞추어 '병합(Merge)'을 '최단순 병합(simplest Merge)'으로 정립하고, 투사(혹은 표찰)는 통사외적(syntax-external)인 '표찰화 연산공식(LA)'이라는 최소탐색의 작용에 의해 결정된다고 주장한다. 또한, 문장 주어(subject)와 관련되는 특수한 언어속성인 확대투사원리(EPP)와 공범주원리(ECP)도 상호 독립적인 원리가 아니라 동일한 표찰화의 파생적 결과임을 밝혀내고, 언어의 매개변인화로 이 두 원리의 통합을 시도한다. 이러한 시도를 통해 Moro(2000)의 '역동적 반대칭(dynamic antisymmetry)'과 Rizzi(2010, 2015)의 '정지의 문제(halting problem)'가 모두 표찰화에 의해 포착될 수 있는 언어의 보편적 현상임을 확인하고 있다. 더욱이, 표찰화 이론은 표찰화 연산공식의 도입으로 새롭게 분석되는 CP의 도출과정이 '목적어인상(raising-to-object)'과 '어근의 인상(R-to-v* raising)'이라는 이색적(exotic)인 도출과정을 갖는 v*P에도 똑 같이 적용될 수 있음을 보여줌으로써 '방법론적 필연성(methodological necessity)'의 차원에서도 강력최소주의적 명제에 잘 부합할 뿐만 아니라, 경험적으로 학습이 불가능한 이색적인 문법현상까지도 비이색적(non-exotic)인 무표적 현상(unmarked phenomena)으로 분석될 수 있음을 입증함으로써 그 이론적 타당성과 경험적 타당성을 확보하고 있다.

결론적으로 말해, 강력최소주의이론(SMT)에 의하면, 언어는 인간의 진화과정에서 자연발생적으로 발생한 그야말로 '완벽체계(perfect system)'인데, Chomsky(2008, 2013, 2015)의 표찰화 이론(Labeling Theory)은 그 완벽체계를 향해 나아가는 '생성문법적 과업'에 또 하나의 큰 진전이며, 그 당연하고도 고무적인 새로운 지표(指標)이다.

필자는 이 책에서 Chomsky(2008, 2013, 2015)의 표찰화 이론을 강력최소주의적 관점에서 심도 있게 분석하여 알기 쉽게 해설하고, 또한 다소 비평적인 시각에서 이 이론의 문제점들과 그 잠재적인 해결책까지도 제시하려고 노력했다. 많은 후학들이 이 책을 읽고 보다 창의적인 연구로 진정한 언어의 실체에 당도하는 큰 학문적 결실을 이루어 나가기를 기대한다.

"새는 알에서 나오려고 투쟁한다. 알은 세계이다.
태어나는 자는 한 세계를 깨뜨려야 한다."　　ー헤르만 헷세ー

2020년 8월 저자 김용석 씀

감사의 말씀

Acknowledgements

금년 봄 어느 날 서울대학교 명예교수이신 이정민 선생님으로부터 한 통의 메시지가 날라 왔다. 내가 선생님과 함께 공동저자로 올라있는「언어학사전」의 개정증보4판을 내어보자는 제안이었다. 선득 응답하기에 좀 막막한 제안이었다. 내가 초야에 묻혀 학문을 멀리하고 지낸지가 벌써 8년이 넘었기 때문이었다. 그러나 나보다 훨씬 연배이신 선생님께서 아직도 향학열을 태우고 계신 모습에 감동도 되고 자극도 받아, 다시 용기를 내기로 하였다. 학문은 내가 이 세상에서 가장 잘 할 수 있는 일이었지만, 새로 시작하기엔 그리 만만한 일은 아니었다. 자료도 부족하고, 정보도 부족하고, 무엇보다도 전공에 대한 식견도 가물거리기만 했다. 이런 상황에서 내가 학자로 되돌아가는 데 여러모로 도움을 주신 동국대학교 박명관 교수님, 건국대학교 안희돈 교수님, 한성대학교 이종은 교수님에게 감사드린다. 무엇보다도 향학열의 감동으로 나를 일깨워주신 이정민 선생님에게도 특별한 고마움을 전한다. 이 책의 집필은「언어학사전」의 개정증보 작업이 그 계기가 되었다.

그리고, 집필 기간 동안 물심양면으로 나를 정성껏 뒷바라지해준

큰아들 김형민과 며느리 강주희에게도 마음 깊은 감사를 전한다. 늘 나의 건강을 염려하며 사랑을 표현해준 나의 막내아들 김형진과 손녀 김가윤에게도 따뜻한 고마움을 전한다.

마지막으로 자료정리와 집필과정에 많은 도움을 주신 결성농요농사박물관장 장인예 선생님과, 이 책의 출판을 기꺼이 맡아 훌륭한 저서로 꾸며주신 글로벌콘텐츠 출판그룹 홍정표 사장님과 김미미 이사님에게도 깊은 감사를 드린다.

2020년 초가을
저자 김용석 씀

목 차

Contents

사실상 2차 세계대전 전후시기 이래로 시작된 일이지만, 본질적으로 인간에게만 유일하게 존재하며 다른 기능과는 확연히 구별되는 아주 특수한 인지기능(cognitive faculty)인 언어와 그 언어를 형성하고 있는 일반 원리들의 실체에 대한 광범위한 이해가 괄목할 정도로 진전되어 왔다. 그러한 발전의 한 증표가 바로 당시까지는 소위 "언어(*Language*)"라는 제목의 책들을 저술하는 일이 유명한 언어학자들에게는 당연한 일상이었지만. 이제 더 이상 그런 일이 없다는 것이다. 오늘날 상황은 급격히 바뀌었고, 이미 그 변화의 사유는 너무나 많이 알려졌다. 요즘 학자들이 연구하고 제기하는 과제들은 그것이 경험적이든 이론적이든 당시에는 감히 거론되거나 상상조차도 할 수 없는 것들이었다. 당시 연구가들은, 그들이 하는 일이 비록 도전적이기는 했지만, 이미 개발된 교제를 분석하는 절차적 방법론(procedural methods)을 적용하여 모든 언어들을 구조적으로 분석하는 일이었고, 그 방법론의 여러 문제점들을 기술적으로 해결하고 고쳐나가는 일이 전부라 해도 과언은 아니다. 이런 일들을 추진하여 얻고자하는 바가 과연 무엇이었던가? 당시 풍미했던 이러한 연구관행은 언어에 대한 아무런 실질적인 문제를 제기할 수 없었다. 즉, 진정한 연구의 하나의 독립적인 대상으로서의 '언어'란 존재하지 않았다. 이러한 연구관행을 우리는 외재론적 접근(externalist approach) 혹은 비존재론(non-existence thesis)이라 한다. 이에 반해, 언어기능(faculty of language: FL)은 인간의 두뇌 속에 실존하는 본유적(innate) 인지기능으로, 인간은 이 기능을 유전적으로 부여받아(genetically endowed) 이 세상에 태어난다고 가정하고, 이 유전적이며 본유적 기능의 실체를 규명하려는 학문적 연구관행을 내재론적 접근(internalist approach) 혹은 존재론(existence thesis)이라 한다.

존재론에 속하는 연구관행에는 Chomsky(1957)에서 시작되어 오늘날 소위 최소주의이론(minimalist theory)에까지 성장, 발전되어온 생성문법과, Eric Lenneberg(1967)의 *Biological Foundations of Language*가 출판되기에 앞서 이미 20년 이상 학문영역으로서의 모양새를 갖추어 왔으며, 그 이후 파리의 Royaumont 연구소의 협찬으로 1974년 MIT에서 개최된 국제학술대회에서 처음 공식적 명칭으로 등장한 소위 "생물언어학(Biolinguistics)" 등이 있다. 생물언어학의 핵심적 주장 중에 하나는 인간의 본유적 언어기능의 체계를 인간의 뇌 속에 존재하는 생체적 기관(organ)이라는 것이며, 그 핵심적 논의 중의 하나가 바로 "언어의 표면상 원리들이 어느 정도로 인지체계(cognitive system)의 고유한 속성을 지니고 있는지, 그리고 이와 유사한 형식적 체계가 인간이나 다른 유기체의 다른 인지영역에서도 발견되는지"이다. 이러한 문제들에 대한 심도 있는 연구와 논의가 최근 최소주의이론의 언어연구에서 활발하게 이루어지고 있다.

인간의 본유적이며 유전적인 언어기능의 실체를 부정하는 비존재론의 계열에 속하는 연구의 관행에는 실증주의(empiricism) 철학과, 이를 기반으로 하는 행동주의(behaviorism) 심리학, 그리고 20세기 초에 이르러 스위스의 언어학자 소쉬르(Ferdinand de Saussure 1857-1913)에서 시작된 소위 구조주의문법(Structuralist Grammar)과 구조주의문법의 기반으로 소위 발견과정(Discovery Procedure)이란 엄격한 학문적 방법론을 도입하여 발화(utterance)와 같은 경험적인 외재언어(external languages)를 객관적이며 귀납적으로 기술하고자 하였던 미국의 기술언어학(Descriptive Linguistics)과, 자료의 분석을 위주로 선형적 어순(linear order)을 중시하는 전산언어학(computational linguistics)과 전산인지과학(computational cognitive science), 그리고 전산언어학의 한 일환으로 최근에 활기를 띠고 있는 자료언어학(corpus linguistics) 등등이 있다.

인간언어에 관한 존재론과 비존재론의 근본적 차이는 유전적이며 본유적인 인간의 언어기능을 인정하느냐 아니냐의 차이이고, 이러한 차이는 학문적 주장과, 연구의 목적과 방법, 그리고 대상 등에서 많은 차이를 만들어낸다.

존재론은 플라톤(Plato)에서 시작하여 데카르트(Descartes)와 칸트(Kant)로 이어지는 이성주의(Rationalism) 철학을 기조로 20세기 후반에 Chomsky(1957)의 *Syntactic Structures*의 출간으로 기치를 든 소위 'Chomsky 혁명(Chomskyan Revolution)'과 이 혁명의 결과로 추진되었던 '생성문법적 과업(generative enterprise)'에서 크게 꽃피우게 되었다.1) 생성문법론자들은 인간의 유전적이며 본유적인 언어기능이 원리나 규칙의 체계로 이루어져 있다고 보고, 이러한 차원에서 유전적이며 본유적인 인간의 언어기능을 보편문법

---

1) 생성문법의 가장 큰 특징은 본유적 언어능력인 보편문법(universal grammar: UG)을 가정하고, 자연언어의 문법을 자연과학적 이론과 마찬가지로 구조의 제약과 평가기준을 준수하는 해야 규칙과 원리의 체계로 규정하고 있다는 것인데, 이러한 생성문법의 주장을 높이 평가해, C. F. Voegelin은 *International Journal of American Linguistics* 24 (1958: 229-231)에 게재한 그의 서평 "Review of Noam Chomsky: *Syntactic Structures*"에서 *Syntactic Structures*가 그 목표를 일부만 성취한다 할지라도 "코페르니쿠스적 혁명(Copernican revolution)을 이루어낸 것이다"라고 언급하고 있다. 이러한 측면에서 이후 John Searle(1972) 등 현대언어학자들이 Chomsky(1957)에 의한 생성문법의 주장을 'Chomsky 혁명(Chomskyan Revolution)'이라 부르게 되었다. Chomsky 혁명의 시작을 최초로 알린 학자는 Robert B. Lees이다. 당시 언어학계에서 명성을 떨치던 Lees는 당시로서는 무명 학자인 Chomsky가 The Hague의 Mouton Publisher에서 출판한 *Syntactic Structures*를 광범한 구독자를 확보하고 있던 *Language* 33 (1957: 375-408)이라는 언어학술지에 게재한 그의 서평 "Review of Noam Chomsky, *Syntactic Structures*"를 통해 '새로운 자연과학적 언어학 방법론의 출현'이라며 큰 찬사를 보냈다. Frederick J. Newmayer(1980)에 의하면, 생성문법은 지난 2,500년 동안의 언어연구를 통해 얻은 언어에 대한 이해보다도 불과 지난 25년간의 업적으로 더 많은 언어의 속성을 규명해 내었다고 주장하고 있다. 인간의 본유적 언어기능의 존재를 가정하고, 이러한 언어기능의 실체를 규명하기 위한, Chomsky의 혁명에 의해 촉발된 생성문법적 연구를 Huybregts & Riemsdijk(1982)에서는 '생성문법적 과업(generative enterprise)'이라 불렀다.

(UG)이라 불렀다. 최근 Chomsky(1995, 1999, 2004, 2008, 2013, 2015)에 의해 추진되고 있는 소위 최소주의 프로그램 (Minimalist Program: MP)에서는 보편문법인 인간의 언어기능이 인간의 진화과정에서 현대인간의 조상인 호모사피엔스(Hómo sápiens)의 한 작은 종족 사이에서 생겨났다고 본다.

이제, 존재론과 대립관계에 있는 비존재론의 철학과 연구관행 및 주장들에 관해서 간략히 고찰해보자. 비존재론은 인간의 언어기능과 관련해서 존재론과 달리 인간에게는 유전적이며 본유적인 언어기능의 실재적 존재는 허구이며, 오로지 인간의 언어능력은 생후 성장과정을 통해 후천적으로 발생하는 것이라 주장한다. 따라서 개별적 성장과정과 환경적 차이에 따라 언어의 변이적 선택(variational options)은 그 범위가 거의 무한대(infinitude)로 늘어날 수 있다고 본다.2)

---

2) 구조주의 언어학에서는 인간의 언어습득은 후천적 경험을 기반으로 한 '발견과정 (discovery procedure)'통해 이러한 무한대의 변이를 갖는 문법들 중에 하나를 선택하는 것이라 주장한다. 사실상, 이러한 주장은 그 자체로 논리부재(abduction)의 많은 문제점을 낳는다. 왜냐하면, 무한한 대상 중에 최적의 하나를 선택한다는 것은 그 자체로 불가능하기 때문이다. 이와는 대조적으로 생성문법적 과업에서 주장하는 유전적이며 본유적인 언어기능(즉, 보편문법)의 존재는 수로화(canalization)를 통해 인간언어에 대한 변이의 수를 제한함으로써 이러한 논리부재의 문제를 낳지 않는다.

영국의 철학자 존 로크(John Locke 1632-1704)는 데카르트가 설정해 놓은 신에게서 독립한 사유실체(Cogito)의 개념인 근대철학의 문제를 이어 받는다. 그러나 로크는 우선 지식의 원천인 사유실체가 과연 본유적인지, 다시 말해 인간이 태어나면서부터 갖는다고 보는 자율적인 관념이나 원리가 과연 존재하는 것인지 근본적인 물음을 던진다. 이러한 문제의식 속에서 로크는 갈릴레이나 뉴턴 등의 근대 과학자들의 영향을 받아 개별적 사실에 대한 과학적 관찰과 경험의 중요성을 강조하게 된다. 즉, 로크는 본유적 관념을 부정하고 인간의 오성(혹은 지성 understanding)을 그 무엇도 쓰여 있지 않는 백지(white paper) 상태인 소위 '타불라 라사(tabula rasa)'라고 주장한다. 즉, 로크에 의하면 인간은 본유적 관념을 전혀 갖지 않는 백지상태인 타블라 라사의 상태에서 태어나서 물질세계에 대한 후천적 경험을 통해 마치 하얀 종이 위에 점이 찍히듯 타블라 라사에 사유의 능력인 관념(idea)이 생겨난다는 것이다. 로크는 근대과학의 자연주의(naturalism)적 사고에 영향을 받아 현상을 객관적이며 귀납적으로 분석하여 있는 그대로 파악하려 했으며, 지식(즉, 관념)은 오로지 경험을 통해서만 얻어진다고 보는 소위 실증주의(Empiricism)(경험론, 회의론) 철학을 고수했다. 이러한 경험을 중시하는 실증주의적 사조는 영국의 철학자들(버클리, 흄 등)에게로 이어져 가지만, 고대로 거슬러 올라가면 프로타고라스를 중심으로 한 소피스트들과 아리스토텔레스도 경험의 중요성을 강조했다.

20세기 초에 이르러 스위스의 언어학자 소쉬르(Ferdinand de Saussure 1857-1913)는 실증주의 철학을 기반으로 아리스토텔레스 이후 약 2500년 가까이 이어져온 전통문법(Traditional Grammar)이란 언어연구의 전통을 뒤집고 객관적인 관찰과 귀납적 분석을 통해 언어를 과학적으로 해석하고자 하는 소위 구조주의문법(Structuralist Grammar)을 주창하게 된다.3)

구조주의문법은 먼저 언어습득에 관해서 실증주의적 관점 (Empiricist Perspective)을 취하게 된다. 즉, 구조주의문법은 실증 주의 철학의 영향을 받아 인간은 처음 아무런 능력과 지능이 없는 백 지상태(tabula rasa)로 이 세상에 태어나지만 성장하면서 후천적 경 험과 학습을 통해 능력과 지능이 생겨난다고 보고, 언어적 능력도 이 러한 후천적 학습과정을 통해 습득된다고 가정한다. 즉, 어린아이는 처음 말을 하지 못하나 성장과정에서 주변의 사람들이 사용하는 언어 를 시행착오(trials-and-errors)의 학습과정을 통해 반복적으로 경 험하게 되면, 결과적으로 그 언어가 뇌 속에 하나의 습관(habit)으로 형성되는데, 바로 이것이 언어적 능력이라는 것이다. 요컨대, 구조주 의문법에서는 인간의 언어는 경험과 반복학습에 의하여 후천적으로

---

3) 구조주의문법(Structuralist Grammar)은 구조문법(Structural Grammar)이라고도 하며, 구조주의문법이 미국에서는 소위 발견과정(Discovery Procedure)이란 엄격한 학문적 방법론을 도입하여 언어를 과학적으로 기술한다고 하여 기술언어학(Descriptive Linguistics)이라고도 불리어졌다.

습득된다는 실증주의적 관점을 택한다.

이러한 실증주의적 관점을 취하는 구조주의문법에서는 경험의 대상이 되는 언어실행(linguistic performance), 즉 외재언어(external language)를 1차적 언어(primary language)라 보며, 이러한 차원에서 개별언어(particular languages)의 연구는 원어민들의 언어실행인 음성언어, 즉 구어(spoken language)를 문법기술의 대상으로 삼는다. 따라서 구조주의문법에서는 음성(sound)의 기술이 문법연구의 시발점이 되어야 한다고 주장하며 기존의 전통문법에서와는 달리 음성연구에 주안점을 두어 음성학(phonetics) 발전에 크게 기여하기도 하였다. 또한, 구조주의문법에서는 한 언어의 연구는 다른 언어와 상관없이 독자적으로 이루어져야 한다고 보며, 문법기술은 현재 원어민(native speakers)들이 직접 사용하고 있는 언어자료(corpus)를 직접 수집하여 분석하고, 그 결과를 목록으로 작성함으로써 귀납적으로 개별언어들의 문법이 기술되어야 한다고 주장한다.4)

---

4) 미국의 언어학자 Charles C. Fries는 영어의 문법을 철저히 귀납적으로 기술하기 위하여, 정부당국의 협조를 얻어 당시 일반인들이 교류하는 서신에서 직접 자료를 발췌하여 *American English Grammar* (1940)를 저술하였으며, 또한 그 이후 더욱 직접적인 언어자료의 확보를 위해, 정부당국의 승인 하에, 당시 일반인들의 전화내용 속에서 자료를 수집하여 *The Structure of English*(1952)를 저술하기도 하였다. 그러나, 이러한 구조주의 언어학(structuralist linguistics)의 귀납적인 언어기술 방법론은, 원어민의 직접적인 언어자료가 최적의 문법기술을 위해서는 불충분하며 불완전하다는 차원에서, 이후 변형생성문법학자들(Transformational Generative Grammarians)에 의해서 크게 비판을 받게 된다.

또한, 구조주의문법에서는 한 인간이 경험에 의해서 습득한 머릿속의 내재언어(internal language)는 경험의 대상인 외재언어와 동일한 형태로 존재한다고 가정한다. 왜냐하면, 행동주의 심리학에서는 경험에 의해 형성되는 습관은 그 경험의 내용과 일치한다고 보기 때문이다. 그러므로 외재언어를 경험함으로써 습득된 내재언어는 외재언어와 동일한 실체라는 것이다. 즉, 외재언어가 소리와 의미의 구조를 갖는 언어적 대상들(linguistic objects)--즉, 단어와 단어들의 구조적 결합으로 이루어지는 구와 문장--의 집합이므로, 인간의 머릿속에 습득된 내재언어도 이러한 언어 대상들의 집합체로 이루어져 있다는 것이다.5) 즉, 구조주의 언어학자들은 말을 학습한 인간의 머릿속에는 학습한 언어의 단어와 구 그리고 문장들로 가득 차 있다는 것이다. 〈이는 마치 우리 학생들이 영어단어나 문장을 반복적으로 학습하여 머릿속에 그 단어나 문장을 암기하는 결과와 같다.〉 또한, 사람이 말을 한다는 것은 경험을 통해 이미 머릿속에 입력(습관화)되어 있는 언어 대상들을 있는 그대로 발성기관을 통해 출력(발화)한다는

---

5) 언어가 내부구조(internal structure)를 갖는 일관된 구조체계(coherent structural system)라는 사실을 처음 발견한 것은 구조주의문법이다. 즉, 구조주의문법에서는 언어의 가장 작은 단위가 음소(phoneme)이며, 음소들이 구조적 결합에 의해서 만들어내는 최소 의미단위가 형태소(morpheme)이고, 이 형태소들이 구조적으로 결합하여 만들어내는 기본 단위가 단어(word)이며, 또한 단어들이 구조적으로 결합하여 만들어내는 기본적 통사단위가 구(phrase)이며, 이 구들이 구조적으로 결합하여 만들어내는 의사소통의 기본단위가 문장(sentence)이라고 본다.

것에 지나지 않다는 것이다.

소쉬르는 한 사회에서 통용되며 그 사회의 구성원들이 경험하게 되는 언어를 랑거(langue)라 하고, 이 랑거의 경험을 통해 구성원들이 개인적으로 습득하여 사용하게 되는 언어를 파롤(parole)이라 규정하고 있다.6) 랑거는 항구적이며 공통적이며, 추상적인 반면, 파롤은 일시적이고, 개인적이며, 구체적이다. 랑거의 경험으로 파롤이 습득되며, 파롤은 다시 랑거를 형성한다. 언어 습득의 차원에서 보면, 파롤을 개인적 내재언어라 볼 수 있고 랑거를 사회적 외재언어라고 볼 수 있다. 이러한 관계를 도식으로 나타내면 다음과 같다.

(1)

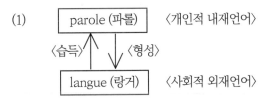

구조주의문법은 유럽에서 시작되었으나 1930년경 이후 미국으로 건너와 과학적인 분석과 독자적인 방법론을 개발함으로써 언어학 (Linguistics)이란 독자적인 학문의 장르로 꽃을 피웠다. 유럽의 구조주의는 크게 Geneva 학파, Prague 학파, Copenhagen 학파로

---

6) 이러한 소쉬르의 주장은, 그의 사후에 출간된, 그가 1906년에서 1911년 사이에 제네바대학에서 강의한 내용인 『일반언어학강의』(Cours de Linguistique Générale, 1916)의 주제였다.

나누어진다. Geneva 학파는 소쉬르의 고전적 구조주의를 이어가는 학파이고, Prague 학파는 기능언어학의 전통을 이어가는 학파로 기호(symbol)로서의 음성(sound) 단위에 관심을 갖고 음운론(phonology)의 연구에 기여해왔다. Copenhagen 학파는 실증주의적 언어연구를 중시한 Prague 학파와 달리 언어기호의 추상성을 강조함으로써 신소쉬르주의(Neo-Saussurianism)로 발전하였으며, 단위의 통합적, 연합적 결합방법을 연구대상으로 삼음으로써 통사론적 연구에 기여하였다.

미국의 구조주의문법은 Yale 대학에서 비롯되었다. 분포주의적 분석방법으로 유명한 최초의 구조주의 학파는 블룸필드(Leonard Bloomfield 1887-1949)에 의해 창설되었다. 그래서 이 학파는 Yale 학파 이외에 Bloomfield 학파, 분포주의 학파 등으로 호칭되기도 한다. 미국의 구조주의는 문헌 중심의 전통문법적 연구방법을 버리고, American Indian 언어의 연구 등과 같이 실천적 언어연구에 관심을 가졌다. 이러한 관점에서 미국의 구조주의문법을 유럽의 구조주의와 구분하여 기술언어학(Descriptive Linguistics)이라 한다. 기술언어학의 토대를 마련한 학자로는 블룸필드 이외 Edward Sapir가 있는데, 특히 Sapir는 인류학자로서 그의 스승인 Boas와 함께 American Indian 언어의 연구에 탁월한 업적을 남겼다. 그들은 문자에 앞서 음성언어를 엄격한 자연과학적 방법론에 입각하여 객관적으로 관찰, 분류, 기술하였다. 이론적 접근보다는 실제 원어민

(native speakers)이 사용하는 언어의 분석에 관심을 가졌으며, 이러한 연구방식에 충실한 학자가 바로 Charles C. Fries이다. Fries는 그의 저서 *American English Grammar* (1940)에서는 당시 3,000통의 일반인의 편지를 개봉하여 발췌한 예문을 기초로 영어의 문법을 기술하였으며, 그 뒤에 출판된 *The Structure of English* (1952)는 전화 통화내용을 비밀리에 50시간 분을 녹취하여 발췌한 예문을 언어연구의 자료로 활용한 저서이다.[7]

이와 같이 구조주의적 언어연구는 주로 음운론(phonology)과 형태론(morphology)에 집중되었는데, 그 이유는 이 분야가 언어 간에 아주 다양하고 복잡한 방식으로 차이를 보이기 때문이었고, 이러한 언어 간의 현격한 차이가 언어는 경험 이전에 존재하는 선경험 조직체(preexistent scheme)가 아니며, 오직 개인적 경험에 의해 후천적으로 습득되며, 따라서 언어 상호간에는 공통성이 없고 모든 인간언어는 각기 개별적이며 객관적 자료분석을 통해서만 가능하다는 구조주의적 비존재론의 주장을 뒷받침할 수 근거가 되기 때문이었다. 그러나 이런 구조주의적 연구에서도 발성이나 음향적 측면에 뿌리를

---

7) 구조주의문법은 전통문법이 취하는 언어기술의 방식과 태도를 비판하며, 언어기술은 문법학자의 판단이 아니라 원어민의 언어사용이 언어기술의 대상이 되어야 한다고 보며, 언어기술은 현상에 대한 객관적인 분석에 의해서만 가능하다고 보았다. 언어기술에 있어 대조(contrast)와 대치(substitution) 등의 기술적 방법(technique)과 소단위에서 대단위로 나아가는 분석의 순서를 정함으로써 과학적 접근을 시도하였다. 이러한 언어기술의 새로운 방법론을 소위 '발견과정(Discovery Procedure)'이라 한다.

둔 변별자질(distinctive features)과 같은 언어마다에 고정적으로 나타나는 공통적인 특성들이 가끔 발견되기는 하였지만, 구조주의 학자들은 이러한 특성들에 대한 연구를 한계를 뛰어넘는 '신의 진리(God's Truth)'를 추구하는 것이라며 오히려 비웃음의 대상으로 여겼다.

이와 유사한 과정은 일반생물학(general biology)에서도 발견되는데, 분자생물학자인 Gunther Stent은 유기체의 변이성은 아주 자유로워서 개별적으로 다 달리 분류해야 할 정도로 거의 무한대의 개체들을 만들어낸다고 주장하였지만, 그 이후 이러한 개념은 급격히 변화하였고, 이제는 Sherman(2007)의 주장에서처럼 5억 년 전 캠브리언 폭발(Cambrian explosion)의 시기에 지구상에 출현했던 후생동물(Metazoa)의 다양한 종(phyla)들에 필수적인 모든 핵심적인 성장방식을 내재하고 있는 소위 '보편적 유전자(Universal Genome)'가 존재할 것이라는 진지한 새로운 제안들이 제기되기에 이르렀다. 이러한 관점에서 보면, 다세포 동물도 보편적 유전자에 내재되어 있는 성장방식을 통해 생겨났다고 볼 수 있고, 겉으로 들어나는 다양성은 피상적인 것이며, 오랜 진화과정을 거치며 핵심적으로 보존되어 왔던 하나의 성장-유전자에 내재되어 있는 성장도구(toolkit)들의 다양한 배열에 기인하는 것이라 볼 수 있다. 변이의 범위를 한정하는 이러한 심층적으로 보존되는 있는 특성과 요인들에 대한 가정은 현대진화생물학(modern evolutionary biology)에서까지도 상당히 의미 있는 역할을 수행하고 있다.

이와 같이 일반생물학에서는 제한 없는 변이에 대한 개념이 본질적으로 달라졌지만, 언어에 관해서는 여전히 비존재론적 주장이 활발하게 진행되고 있는 실정이다. 일례로 점진주의 진화론(gradualist evolution)에서는 '언어란 각기 독립적으로 다른 기능을 갖는 일련의 여러 인지능력들의 상호작용에 불과하다'고 주장한다. 이러한 주장은 마치 오늘의 날씨가 독립적인 기능을 갖는 여러 가지 요인에 의해 존재하는 것과 똑 같은 방식으로 언어가 존재하는 것이라고 보는 것과 같다. 이러한 주장은 언어란 그 자체로 독립적으로 존재하는 진정한 과학적 연구대상이 아니라는 것이다. 또한, Tomasello(2006)에 의하면, 언어습득연구분야(language acquisition studies)에서는 '언어란 단순히 모든 영장류에 허용되어있는 학습수단에 의해 단어, 숙어, 문장 등, 의사소통을 위해 활용되는 기호들을 학습하는 것 이외 다른 일이 아니다'라는 강력한 주장이 있다. 이러한 주장에 의하면, 언어란 자의적인 기호들의 수집체이긴 하지만, 추론(induction)과 유추(analogy)라는 불명확한 수단을 제외한다면, 그 자체로는 역시 한정적(finite)이라는 의미가 된다. 전산인지과학(computational cognitive science)도 언어에 관한 이러한 접근방법에 영향을 받고 있는 바, 이 분야의 연구들은 평가가 용이할 만큼 주장의 근거가 명확하다는 장점을 지니고 있으므로, 사실상 언어의 본질에 대한 질문을 던지면 그 극적인 실패(dramatic failures)가 쉽게 들어난다. 이러한 연구접근들은 모두 반세기 전의 개념을 공유하고 있는데, 이는 바로 진정한 의미의 언어란 존재하지 않는다는 것이다. 더 정확하게 말하면, 이들 연구들은 그 어떤 연구도 생성문법적 과업(generative enterprise)의 전문술어로 '보편문법(UG)'이라 일컬어 왔던 언어기능에 속하는 유전적 영역(genetic component)에 대한 당연하고도 합리적인 의문을 결코 제기할 수 없다는 것이다.

생성문법적 과업에서 일컫는 '보편문법(UG)'과 Joseph Greenberg가 '보편성(universals)'이라고 불렀던 언어에 대한 기술적 일반화(descriptive generalization)와는 완전히 다른 개념이며, 이 둘을 혼동하여서는 안 된다. 보편문법의 원리체계는 항구적인 것이며, 이 세상의 관찰적인 현상 속에 직접적으로 나타나지 않는 전형이다. 기술적인 일반화는 과학에서 추구하는 필수적인 요체로, 물리학의 노벨상 수상자인 Jean Baptiste Perrin의 언급에서처럼, 복잡한 가시적인 것들을 간결한 비가시적인 것들로 축약하는 것(reduction of complex visibles to simple invisibles)이다. 요컨대, 관찰되는 복잡한 현상을 객관적이며 귀납적인 방법으로 분석함으로써 그 현상 속에 나타나는 간결한 일반성을 포착한다는 것이다. 사실상, 기술적 일반화는 선험적으로 존재하는 항구적인 실체(즉, 진리)에 대한 과학적 접근방식은 될 수 있으나, 그 자체가 항구적인 실체는 아니라는 것이다. 왜냐하면, 기술적 일반화는 관찰되는 현상에는 많은 요인들이 관여하고 있으므로 항상 예외적 현상에 직면한다고 보아야 한다. 이러한 예외적 현상의 발견은 사실상 차후의 과학적 연구에 중요한 촉매제가 된다는 점에서 그 가치가 인정된다. 전통적으로 잘 알려진 한 예를 들면, Newton의 원리나 Kepler의 법칙에서 보면 천왕성의 궤적에서 예외적인 교란 현상이 나타나는데, 이는 이들의 원리나 법칙을 포기하거나 더 나아가 물리적 법칙 자체가 존재하지 않는다는 결론에 이르는 것이 아니라, 나중에 사실로 확인되었지만 오히려 해왕성이라는 또 다른 천체의 존재를 가정하는 결과로 이어질 수 있다는 것이다. 생성문법적 과업 내에서도 매우 중요한 연구들을 견인해온 예외적 특성들이 확인되는데, 즉 투사원리(projection principle)에 예외적 현상인 예외격표시(exceptional Case Marking)와 확대투사원리(extended projection principle)가 그것이다. 이들도 더 진전된 연구를 위해 특별히 잘 확인하여 챙겨둬야 할 현상들이다. 이러한 타당한 기술적 일반성에 예외적인 현상에 대한 의미 있는 접근은 30년 전 결속이론(binding theory)과 관련하여 '진리가 되기에는 너무 나쁘고, 거짓이 되기에는 너무 좋다(Too bad to be true, too good to be false)'라고 말한 Eric Reuland의 언급에서도 확인된다. 사실상, Reuland와 다른 여러 학자들은 결속현상에 나타나는 대용적 관계(anaphoric relation)와 관련하여 '언어적이고 지각적 입력에 대해서 중의성을 가급적 빨리 해소하려는 일반적인 인지적 경향이 존재한다'(Charter & Christiansen 2010 참조)라는 비존재론적 최초 주장의 정신을 잘 유지하면서도 결속이론의 완전한 실체에 관여하는 다양한 요인들을 확인하고 탐구하는 방향으로 연구를 진행하였다. 그 결과 'Perrin의 간결한 비가지적인 것'에 해당되는 PRO의 실체를 확인하게 되었고, 그 뒤 통제이론(control theory)이란 더 나아간 연구로 이어졌다.

사실상, 비존재론의 가장 핵심적 주장은 존재론에서 주장하는 유전적이며 본유적인 언어기능의 실체를 부정하고, 인간의 언어능력은 외재언어(external languages)에 대한 인간의 후천적 경험에 의해 학습되거나 획득된 후천적 능력으로 본다는 것이다. 이러한 관점에 기인하는 비존재론의 중요한 주장 중에 하나는 '아리스토텔레스의 선언(Aristotle's dictum)'처럼 언어를 '의미를 가진 소리(sound with meaning)'로 본다는 것이다. 왜냐하면, 우리가 경험하는 외재언어는 소리의 연결체로 이뤄져 있기 때문이다. 즉, 언어는 소리가 1차적인 특성이며 의미는 2차적인 것이라 보는 것으로, 이는 곧 언어의 발생근원이 의사소통의 필요성과 감각운동체계의 요구에 1차적으로 기인하는 것이며, 사고표현이나 계념의도체계의 요구는 언어발생의 2차적인 이유라는 것과 같다. 요컨대, 소통의 도구(instrument of communication)로서의 언어가 우선적이고, 사고의 도구(instrument of thoughts)로서의 언어는 부차적인 개념이라는 것이다. 또한, 인간이 후천적으로 경험하는 이러한 소리의 연결체는 소리를 지닌 단어(words)들의 연결체이므로 인간이 경험하는 외재언어는 일정한 선형적 어순(linear order)을 갖는 단어들의 연결체이므로, 대부분 비존재론적 연구관행들은 '언어적이고 지각적인 입력에 대해서 중의성을 가급적 빨리 해소하려는 일반적인 인지적 경향이 존재한다'라는 비존재론적 접근에서처럼 선형적 어순을 기초로 한 언어연구를 진행하는 특징을 갖는다.

그러나, 1970년대에 이르러 Taya Reinhart를 비롯해 여러 학자들이 언어의 핵심적인 문법현상에는 오직 계층적 구조가 작용한다는 사실을 설득력 있게 입증하였고, 따라서 결속현상의 본질적 특성은 어순에 입각한 선형적 거리(linear distance)가 아니라 오히려 계층적 구조에 입각한 구조적 거리(structural distance)에 의존한다는 사실이 밝혀졌다.

다음의 예문은 인간언어의 문법현상에 작용하는 최소탐색(minimal search)이 선형적 거리가 아니라 구조적 거리에 적용됨을 보여준다.

(2) a. can eagles that fly swim?

b. instinctively, eagle that fly swim.

즉, 위 (2a)와 (2b)에서 선형적 거리의 측면에서는 *fly*가 *swim*보다 문두에 나타나는 *can*과 *instinctively*에 각기 더 가깝지만, 사실상 *can*과 *instinctively*는 *fly*가 아니라 선형적으로 거리가 더 먼 *swim*과 관계를 갖는다. 이는 곧 *swim*이 *fly*보다 구조적 측면에서는 거리가 더 가깝기 때문이고, 자연언어에는 직접적인 경험은 불가능하지만 계층적 구조가 존재하며, 계층적 구조가 문법작용에 중요한 역할을 한다는 것을 의미한다.

사실상, 비존재론적 연구관행을 갖는 전산인지과학(computational cognitive science)에서는 (2a)의 예문에 나타나는 소위 조동사도 치(Aux-inversion)의 문제를 언어자료에 대한 통계적 분석 (statistical analysis of corpora)을 통해 설명하려고 많은 시도를 하였으나(Berwick et al.(2011) 등) 대부분 실패하였다. 이는 통계 적 분석이란 경험의 대상인 언어자료에 대한 직접적 분석이므로, 이 러한 분석들은 선형적 어순에 기반을 둘 수밖에 없고, 결과적으로 최 소 구조적 거리(minimal structural distance)의 개념은 도외시하 기 때문으로 보인다.

반면에 신경과학(neuroscience)에서는 인간의 두뇌활동이 선형 적 거리보다는 구조적 거리의 개념을 활용한다는 존재론적 연구관행 에 긍정적인 증거들을 제시하고 있다. 즉, Smith & Tsimpli(1996) 의 연구사례를 기초로 한 Musso et al.(2003)의 연구에서는 두 가지 인공언어(invented languages), 즉, 보편문법(UG)에 순응적인 언 어와 선형적 어순에 순응하는 언어를 만들어 실험하였는데, 전자의 경우는 언어영역에 정상적인 두뇌활동이 관찰되었으나, 후자의 경우 는 그렇지 못했다는 결과를 관찰하였다. 사실, 위 (2a)의 문장을 처음 접하는 어린이도 반사적으로 그 질문에 바른 대답을 할 수 있다는 점에서 인간언어의 중요한 통사-의미적 현상은 유전적이며 본유적인 보편문법의 존재를 담보하고 있으며, 보편문법은 선형적 어순이 아니라 계층적 구조에 의존한다는 결론에 이르게 된다.

따라서, 다음과 같은 Chomsky(2013)의 기본가정(basic assumption)이 도출된다.

(3) 어순과 구성소의 배치는 언어의 주변적 특성이며, 이러한 특성은 곧 그것들이 당연히 요구되는 감각운동접합부에서의 외현화와 유일하게 연관된다. (Order and other arrangements are a peripheral part of language, related solely to externalization at the SM interface, where of course they are necessary.)

만일 (3)을 보편문법(UG)의 한 원리로 인정한다면, 아리스토텔레스의 선언은 다음과 같이 수정되어야 한다.

(4) 언어란 '의미를 갖는 소리'가 아니라 '소리(혹은 기타의 다른 외현화)를 갖는 의미'이다. (Language is not sound with meaning, but rather meaning with sound (or some other externalization).

위 (4)는 아리스토텔레스의 선언과는 정반대의 개념으로서, William Dwight Whitney가 '사고의 음성적 도구성(spoken instrumentality of thought),' 즉 '청각화된 사고(audible thinking)'라는 또 다른 전

통적 관념을 제시한 바와 같이 언어를 1차적으로 '사고의 도구(instrument of thought)'라고 규정하는 주장이다.

이러한 관점의 전환은 언어라는 인지체계와 그것의 진화에 관한 논의와 접근에 많은 영향을 미친다는 것은 당연한 결과이다. 이러한 관점의 전환에 대한 타당성은 언어의 다양한 문법적 특성들이 경험적인 선형적 어순에 의존하는 것이 아니고 경험으로 확인될 수 없는 계층적 구조에 의존하고 있다는 점 이외에도, '최소의 연산(Minimal Computation: MC)'이란[8] 강력최소주의적 관점(SMT perspective)에서 보면 언어는 사고표현의 도구로서는 완벽한 체계이나, 의사소통의 도구로서는 매우 취약한 특성을 나타낸다는 점에 의해서도 입증된다. 즉, 자연의 법칙인 최소성(minimality)과 효율성(efficiency)의 원리에 따라 언어정보를 생성하는 연산체계(C_{HL})는 의미의 해석을 위해 개념의도접합부(CI interface)로 사상(mapping)되는 의미표상(SEM)과 소리의 해석을 위해 감각운동접합부(SM interface)로 사상되는 음성표상(PHON)을 도출하는데, 의미표상은 의미의 해석에 최적의 정보를 제공하나, 음성표상은 의사소통에 활용되는 소리의 정보로는 여러 가지 측면에서 불완전한 특성을 나타낸다는 것이다. 요컨대, 음성표상의 도출

---

8) '최소의 연산(Minimal Computation: MC)'이란 Chomsky(2013, 2015)에서 등장하는 용어로서 기존의 최소주의이론에서 언급하는 경제성조건(economy condition), 최소성조건(minimality condition), 국부성조건(locality condition), 연산의 효율성(computational efficiency) 등을 포괄하여 일컫는 일반적인 언어원리를 말한다.

에 적용되는 '최소의 연산(MC)'이란 '가능한 적게 발음하는 것(pronounce as little as possible)'을 의미하고, 이러한 요구에 의해 감각운동접합부로 양도(Transfer)되는 언어정보에는 복사삭제(copy deletion)와 같은 여타의 삭제규칙(Deletion)이 적용되는데, 그 결과 의사소통을 위해 소리의 정보(음성표상)를 청각하고 분석하는 지각과 분해작용(perception and parsing)에 적지 않은 해석상 어려움을 야기한다. 그 대표적 사례로는 다음 (5a)에서와 같은 구조적 중의성(structural ambiguity)과 (5b)에서와 같은 정원통로문장(garden path sentence) 등이 있다.

(5) a. Flying planes may be dangerous.
　　b. The horse raced past the barn fell.

또한, 다음 예문에 나타나는 '주어-목적어 불균형(subject-object asymmetry)' 현상도 의사소통을 위한 소리의 연결체의 지각과 분해작용에 큰 부담을 주는 사례 중의 하나이다.

(6) a. How many cars did they ask if the mechanics fixed?
　　b. *How many mechanics did they ask if fixed the cars?

즉, 위의 문장은 의사소통적 차원으로 볼 때 둘 다 의미적으로는 전혀 문제가 없고, 소리의 연결체에 대한 지각과 분해작용의 차원에서도 대등하지만, 사실상 종속절의 주어가 의문사로서 문두로 이동한 (6b)의 경우는 종속절의 목적어가 의문사로서 문두로 이동한 (6a)와 달리 의사소통의 수단으로 사용되지 않는 비문법적인 문장이다. 이러한 현상도 이동한 요소의 복사(copy)가 삭제된 소리의 연결체에 적용되는 지각과 분해작용으로는 포착될 수 없다.9)

즉, 위의 문장들은 지각과 분해작용에 어려움을 야기하므로 의사소통의 도구로 사용되기에는 용이한 표현이 아니다. 그럼에도 불구하고, 이 문장들은 '최소의 연산(MC)'이란 차원에서 보면 가장 적게 발음되도록 만들어진 표현들이다. 이와 같이 언어는 '최소의 연산'과 '의사소통의 용이성'이 상호 충돌을 일으킬 때는 언제나 '최소의 연산'을 선택한다는 것이다. 만약 언어의 발생의 1차적인 목적이 의사소통에 있었다면, '최소의 연산'이 아니라, 연산의 복잡성(computational complexity)을 야기하더라도 지각과 분해작용에 부담을 주지 않고 의사소통에 용이한, 다시 말해, 음성표상(PHON)에도 의미표상(SEM)에서와 마찬가

---

9) (6)의 예문에 나타나는 '주어-목적어 불균형' 현상은 원리매개변인이론(principles and parqmeters theory: P&P theory)에서 제안하는 '공범주원리(ECP)'라는 상당 수준의 설득력 있는 기술적 일반화(descriptive generalization)에 의해서 그 이유가 설명되기도 하였지만, 이 원리 자체에도 Rizzi(1982)의 지적에서와 같이 이탈리아어(Italian)와 같은 영주어언어(null subject languages)에서는 예외적 현상이 존재함이 확인되었다. 이러한 예외적 현상도 공범주원리와 같은 '기술적 일반화'의 포기가 아니라, 차후 더 깊이 있는 언어기능의 연구를 위해 잘 보존해 둬야 할 소중한 자산이 됨을 유의해야 한다.

지로 복사(copy)를 유지하는 쪽을 선택함으로써 (5a)에서와 같은 '구조적 중의성'을 해결하며, (5b)에서와 같은 '재분해(re-parsing)' 과정도 모면하였을 것이고, (6)의 예문에서와 같은 문법성의 차이도 용이하게 포착하여 지각과 분해작용의 부담을 해소할 수 있었을 것이다. 그러나 지각과 분해작용에 부담을 주고 의사소통의 용이성에 장애를 일으킨다 하더라도 '최소의 연산'을 선택하는 이러한 언어의 특성을 미루어 보면, 언어는 1차적으로는 사고표현의 도구이며, 의사소통의 도구서의 언어는 2차적인 목적이라 단정할 수 있다.

　　언어기능의 발생에 관한 '현대진화론적 관점(Modern Evolutionist Perspective)'이란 최근 Chomsky(2004, 2005, 2008)의 강력최소주의이론(strong minimalist thesis: SMT)에서 Charles Robert Darwin(1872)과 Alfred Russel Wallace(1989)의 현대진화론(Modern Evolutionism)을 기반으로 채택하고 있는 소위 '생물언어학적 관점(bio-linguistic perspective)'을 말한다. 생물언어학(Bio-linguistics)은 이 영역의 최초의 저술인 Eric Lenneberg(1967)의 *Biological Foundations of Language*가 출판되기에 앞서 이미 20년 이상 학문의 한 영역으로서의 형태를 갖추어가는 진지한 논의와 연구가 이어져 왔다. 그 이후 파리의 Royaumont 연구소의 협찬으로 1974년 MIT에서 "Bio-linguistics"이란 주제로 국제학술대회가 개최되었으며, 본 학술대회와 그 이전의 몇 년간의 연구에서 많은 중요한 핵심적 논의가 이루어졌다. 생물언어학의 핵심적 논의 중의 하나가 바로 "언어의 표면상 원리들이 어느 정도로 인지체계(cognitive system)의 고유한 속성을 지니고 있는지, 그리고 이와 유사한 형식적 체계가 인간이나 혹은 다른 유기체의 다른 인지영역에서도 발견되는지"이다. 생물언어학적 관점에서 제기되는 더욱 근원적인 문제는 "언어의 얼마나 많은 부분이 원리적 설명(principled explanation)이 가능한지, 그리고 언어에 상응하는 상동요소(homologous elements)들이 다른 영역과 유기체에서도 발견될 수 있는지"이다. 이러한 문제들에 대한 심도 있는 연구와 논의가 최근 강력최소주의이론의 연구에서 이루어져왔다. 즉, 강력최소주의이론에서는 생물언어학적 관점에서 소위 "언어기능(faculty of language: FL)"이라는 인간생체(두뇌)의 한 영역이 언어의 사용과 습득에 개입한다고 본다.10) 따라서, 강력최소주의이론에서는 언어의 연구는 인간생체를 포함하는 자연세계(natural world)의 한 영역에 대한 연구이다. 요컨대, Charles Robert Darwin은 언어를 단어의 사용으로 수행되는 복잡한 사고의 행렬이라 보았고,11) Darwin과 함께 현대 진화론의 공동창시자인 Alfred Russel Wallace는 "인간의 지적, 도덕적 본성(man's intellectual and moral nature)"이라 불렸던 인간의 창의적 상상력, 언어와 상징, 수학, 자연현상의 해석과 기록 등을 수행하는 인산능력(human capacities)의 한 영역이라 보았다.

---

10) 언어기능은 후천적 언어경험을 통해 성장(growth)해 가며, 성장의 최종상태(final state)가 바로 내적언어(I-language)인 개별언어의 언어적 능력이다.

11) C. R. Darwin은 인간의 언어에 대해서 다음과 같이 언급하고 있다.

  (i) "A complex train of thought can be no more carried out without the use of words, whether spoken or silent, than a long calculation without the use of figures or algebra."

Wallace에 의하면 이러한 인간의 언어기능은 약 50,000년 전에 오늘날 인간의 조상인 한 작은 종족 사이에서 생겨났으며,12) 이러한 인간기능의 발생은 현대진화론의 "변이와 적자생존(variation and natural selection)"의 원리에 의해 설명될 수 없으며, 물질세계의 존재와 관계되는 어떤 자연의 섭리에 의해 설명되어야 하는 괄목할 신비(considerable mystery)라고 본다.13) 언어기능은 이러한 인간의 지적능력에 핵심적 부분이다. 고인류학자인 Ian Tattersall은 언어란 속성상 "상징적 사고(symbolic thought)"이며, 이러한 언어는 진화과정에서 돌연적이며 창발적(sudden and emergent)으로 발생했다고 본다. 이러한 언어의 발생을 Jared Diamond는 "위대한 도약(Great Leap Forward)"이라 불렀다. Royaumont-MIT 심포지움에서 Frnçois Jacob과 그의 동료인 Nobell상 수상자 Salvodor Luria는 개인간의 의사소통체계(communication system)로서의 언어의 역할은 2차적인 것이며, 1차적으로 언어는 추상적이며 생산적인 사고의

---

12) 아래 (i)에서와 같이, Chomsky(2014)(citation: Bolhuis et al.(2014))는 인간의 언어능력이 약 70,000년-100,000년 전에 발생하였다고 주장한다. 이는 Wallace의 주장과는 다소의 차이가 있지만, 인간의 장구한 진화과정에서 보면 이러한 시간은 아주 최근의 일에 지나지 않는다.

(i) "The faculty of language is likely to have emerged quite recently in evolutionary terms, some 70,000-100,000 years ago ..."

13) "변이와 적자생존(variation and nutual selection)"의 원리에 의한 점진적 진화라는 현대진화론적 주장에 의해 설명될 수 없는 이러한 창발적인 언어발생의 신비를 Chomsky(2014)(citation: Bolhuis et al.(2014))는 "다윈의 문제(Darwin's Problem)"이라 일컫는다.

발전에 기인하며, 따라서 그것의 본질적 역할은 인지적 영상을 표출하고, 기호화하는 것으로, 기호의 무한한 결합을 허용하는 언어의 근본적 속성을 통해 실재의 개념을 형상화하고, 계획과 사고의 능력을 생산해 내며, 가능 세계에 대한 정신적 창조를 만들어 내는 것이라고 본다. David Hume 등 17, 18세기 철학자들도 인간언어의 가장 기초적인 개념인 어휘(lexical items)는 동물의 의사소통체계에서 보편적으로 나타나는 바와 같이 바깥세상의 사물과 기호 간의 지시적 관계에 의해 정신세계와는 상관없이 물질적 대상에 직접 관련되는 것이 아니라, 기본적으로 인지력(cognoscitive powers)의 산물이라고 본다. 인지력은 물질세계와 무관한 정신적인 작용을 통해 개념들(concepts)로 개별화되고, 이러한 개별화를 통해 바깥세계의 사물을 지시할 수 있는 풍부한 수단을 제공하게 된다. 어휘란 바로 이러한 차원에서 인지력의 요소인 개념들과 관련되거나 혹인 그것과 동일한 것이라고 본다.14) 이러한 인지력의 요소인 어휘들은 무한히 다양한 내면적 구조형성을 통해 사고, 해석, 계획과 그리고 인간의 다른 정신활동들 등을 낳게 되고,15) 때로는 의사소통을 위해 2차적 과정인 외현화(externalization)를 포

---

14) 이러한 인지능력의 요소인 개념들을 Jerry Fodor는 사고의 언어(language of thought)라고 했다.

15) 보편문법(UG)는 최소의 의미수반(meaning-bearing) 요소인 단어와 이러한 (단어)기호들의 무한한 결합과 계층적 구성을 통해 사고, 해석, 계획 등의 수행하는 수단을 제공해야 한다. 따라서 보편문법은 어휘를 생성하는 어휘부(lexicon)와 사건과 명제(events and propositions)를 생성하는 통사적 구조를 생성하는 연산부(computational system)로 이루어진다.

함하는 실제적 행동으로 사용되기도 한다. 요컨대, 언어기능의 기원 (origin)은 의사소통의 역할에 기인하는 것이 아니라 지적능력의 돌연 적이며 창발적(sudden and emergent) 진화를 통해 발생한 인간의 풍부한 정신활동(mental activity)에 유래된다고 본다.

한편 생물언어학에서는 모든 동물의 경우 학습은 관련 특별조직 (specialized mechanism)을 기초로 이루어진다는 관점을 취하는 데, R. G. Gallistel은 이러한 관점을 "신경과학의 기준(norm of neuroscience)"으로 보았으며, 이러한 관점은 60년전 C.H. Waddington 에 의해 진화성장생물학(evolutionary and developmental biology)에 서 제안되었던 소위 "수로화(canalization)"의 개념과 유사하다. 즉, 관련조직의 특성은 진화나 성장 유형의 수용 범위와 통로(scope and channel)를 제한하는 구성적 제약(architectural constraints)을 부 여한다는 것이다. 학습의 과정도 진화나 성장의 과정과 유사하다고 본 다. 요컨대, 학습과정 역시 관련조직이 열악한 환경적 상황과 상관없이 자신의 내부설계에 따라 외부 요인들의 촉발적, 형성적 효과 (triggering and shaping effects) 하에서 정해진 수로화의 통로를 거쳐 제한적인 최종상태로 성장하는 과정이라는 것이다.

강력최소주의이론(strong minimalist thesis: SMT)에서는 이러 한 학습의 근거를 이루는 관련조직을 두뇌 내부의 기관(organs within the brain)으로 보며, 이러한 기관이 학습을 통해 최종상태에 이르게 되면 특정 유형의 연산(computation)을 수행하게 된다고 본다. 이러한 관점에서 언어의 학습도 역시 두뇌 속의 언어관련 기관의 성장과정으로 본다. 따라서 언어기능에 관한 연구의 핵심적 과제는 성장과정을 통해 최적의 유형(optimal types)에 이르는 결과에 대해 자신의 설계에 따라 구성적 제약을 가하는 관련조직의 실체를 규명하는 일이다.

강력최소주의이론에서는 인간의 언어기능이 다른 생물 유기체의 일반적 특성을 반영하고 있다는 생물언어학적 가설을 채택하면서, 개인의 언어성장(growth of language)에는 다음과 같은 세 가지 요인이 관계한다고 본다. (Chomsky(2013) 참조)

(7) (i) 유전적 자질(genetic endowment)
    (ii) 외적 자료(external data)
    (iii) 유기체-비의존 요인(organism-independent factors)

(7i)는 언어에 관련되는 유전적 자질로 인간에게 고유한 보편문법의 체계를 말하며, 이 요인은 소위 동물행동학자들이 말하는 '유기체의 환경(organism's *Umwelt*)'을 형성하며,[16] 따라서 (7ii)의 요인을 언어경험(linguistic experience)으로 해석한다. (7iii)는 언어기관에 국한되는 제약이 아닐 뿐만 아니라 유기체와 독립된 일반적

---

16) 유기체의 환경(organism's *Umwelt*)이란 특정 신체기관의 성장과 발전이 국한된 범위 속에 이루어지도록 하는 여건을 말한다.

원리이며, 언어체계와 같은 연산체계에 대해선 연산의 효율성 (computational efficiency)을 제공하는 원리이다.

이전의 변형생성문법에서는 유전적 자질이 언어경험을 내재언어로 사상(mapping)한다고 주장함으로써 한 내재언어의 획득이 (7ii)와 (7i)의 상호작용에 의해 결정된다고 보았다. 이러한 경우, (7i)의 기술인 보편문법(UG)이 소위 설명적 타당성(explanatory adequacy)을 충족한다고 말한다. 그러나 강력최소주의이론에서는 이러한 설명적 타당성을 뛰어넘어, (7i)의 요인도 (7iii)에 기초해 원리적 설명 (principled explanation)이 가능하다고 봄으로써 궁극적으로는 내재언어의 특성이 (7iii)에 의해 원리적으로 설명이 된다고 가정한다.17)

강력최소주의이론의 주장에 따르면, 인간의 언어기능(FL)은 인간의 진화과정에서 약 5-6만 년 전 현대 인류의 조상인 한 부족 내에서 이른바 '위대한 도약(great leap forward)'이란 돌연적이며 창발적 (sudden and emergent)인 발현으로 생겨났는데, 이러한 돌연적이

---

17) 요컨대, 강력최소주의이론(the strongest minimalist theory: SMT)이란 언어기능의 발생이 개념의도체계와 감각운동체계인 언어외부체계(수행체계)의 요구에 의한 것이며, 따라서 언어기능의 특성이 이들 수행체계가 부과하는 접합부조건(즉, 해독성조건)에 의해 완벽한 원리적 설명이 가능해야 한다고 보는 언어이론이다. 따라서, 강력최소주의이론 이전의 변형생성문법에서는 언어기능(즉, UG)과 내재언어(즉, 개별언어) 간의 관계를 원리적으로 설명하려는 소위 설명적 타당성의 성취가 이론의 최대 목표이었으나, 강력최소주의이론에서는 이러한 설명적 타당성을 뛰어넘어, 이제는 언어기능까지도 언어외부체계에 의해 자연과학에서처럼 그 특성의 원리적 설명이 가능하다고 본다.

며 창발적 발현은 '병합(Merge)'이라는 간단한 결합작용 하나를 발견함으로써 그 진화론적인 설명이 가능해졌다고 본다. 병합은 하나의 작은 개념의 단위를 다른 개념의 단위와 결합함으로써 내적 구조를 갖는 더 큰 개념의 단위를 만들어 내는 작용으로, 이 때 작은 개념의 단위는 어휘(lexical item)라는 통사대상(syntactic object: SO)이고, 이 어휘들이 병합에 의해 만들어내는 더 큰 단위의 통사대상은 구(phrase)이다. 병합은 순차적이긴 하지만 무한계적으로 반복 적용(unboundedly repeated application)될 수 있고, 이러한 무한계 병합(unbounded Merge)에 의해 점진적으로 더욱 큰 계층적 구조의 통사대상을 만들어낸다. 이렇게 하여, 궁극적으로는 사고와 기획 등 가능세계에 대한 정신적 창조까지도 가능하게 하는 매우 복잡한 개념의 단위까지도 만들어 낼 수 있게 된다.[18] 따라서 (7i)의 요인에 해당하는 인간의 유전적 언어기능은 1차적으로 인간의 진화과정에서 사고표현의 수단인 병합작용의 돌연적이며 창발적(sudden and

---

18) Chomsky(2014)(citation: Bolhuis et al.(2014))는 "다윈의 문제(Darwin's Problem)"를 해결할 수 있는 열쇠가 강력최소주의이론에서 인간의 진화과정에서 자연발생적으로 발현했다고 주장하는 매우 간단한 체계의 연산인 "병합(Merge)"이라고 주장한다. 이는 "병합"이 사고의 다양한 해석들을 가능하게 하는 자의적으로 큰, 계층적 구조의 통사대상들(arbitrarily large, hierarchically structured objects)을 생산하는 인간언어의 고유한 특성을 아주 간단한 작용으로 포착할 수 있는 연산체계이기 때문이다. 사실상, 병합이라는 연산체계의 발견으로 현대진화론의 변이와 적자생존(variation and natural selection)의 원리에 의해서 설명될 수 없는 돌연적이며 창발적(sudden and emergent)인 언어 발생에 대한 진화론적 수수께끼, 즉 "다윈의 문제"가 풀릴 수 있는 길이 열렸다 해도 과언은 아니다.

emergent)인 발생으로 생겨난 것이라고 볼 수 있다.

이러한 차원에서 보면 (7i)는 1차적으로 (7iii)에 따라 의미/개념의 도접합부(semantic/CI interface)의 조건에 의해 원리적 설명이 가능해야 한다. 한편 인간언어는 의사소통(communication)을 위해서 음성으로 표현되는데, 이는 언어기능이 2차적으로는 감각운동접합부(S-M interface)의 조건도 충족해야 한다는 것을 의미한다. 따라서, (7iii)에 따라 (7i)는 감각운동접합부의 조건에 의해서도 원리적 설명이 가능해야 한다. 언어는 복사의 삭제(copy deletion), 중의성(ambiguity), 정원통로(garden path), 순환적 매입(recursive embedding) 등에서 나타나듯이 의사소통의 효율성(communicative efficiency)이란 차원에서 보면 매우 취약하게 설계(poorly designed)되어 있다. 그러나, 사고표현의 차원에서 보면 매우 유연하고 효율적인 구조체계를 갖는데, 이는 바로 인간의 언어기능이 1차적으로 사고표현을 위해 생겨난 것이며, 의사소통은 2차적인 목적임을 말해준다. 따라서 언어기능은 의미/개념의도접합부(semantic/CI interface)의 조건을 충족함에 있어서는 (7iii)의 요인에 따라 원리적 설명이 완벽해야 할 뿐만 아니라 연산의 효율성(computational efficiency)이 극대화되어 있어야 한다.

또한, 연산과정에서 효율적 연산의 당연한 요구인 불변경조건(no-tampering condition: NTC)이 반드시 준수되어야 한다.[19)]

---

19) Chomsky(2004)에서는 불변경조건에 내포성조건(inclusiveness condition)과 확장

요컨대, 언어기능은 두 접합부체계의 언어설계(language design)에 따라 인간의 진화과정에서 자연발생적으로 생겨났으며, 따라서 언어기능은 두 접합부의 요구인 해독성조건(legibility condition)을 충족시켜야 하며, 특히 언어기능의 발생이 1차적으로 사고표현을 위한 개념의도체계의 요구에 의한 것이므로, 언어기능은 개념의도접합부에 의해 부과되는 조건에 의해 그 원리적 설명이 완벽히 이루어져야 한다. 이러한 완벽성을 추구하는 언어이론이 바로 강력최소주의이론(strong minimalist thesis: SMT)이다. 강력최소주의이론의 관점에서 보면, 언어기능은 개념의도체계의 조건을 최적으로 충족시키도록 잘 설계(well-designed)된 연산체계(computational system: C_{HL})를 가지고 있으므로, 의사소통을 위한 감각운동접합부로의 사상(mapping)(즉, 음성표현을 생성하기 위한 음운부로의 언어정보의 사상)은 부수적인 것이다. 따라서 음운부로의 사상은 강력최소주의이론의 가설(즉, 언어기능이 접합부의 해독성조건에 의해 완벽한 원리적 설명이 가능해야 한다는 가설)을 충족함에 있어 연산적 효율성(computational efficiency)의 원리가 잘 준수되지 않는다.

(7i)의 유전적 자질이란 두뇌의 언어관련 기관으로 인류에게 획일

조건(extension condition) 등이 포함된다고 보았으나, Chomsky(2008)에서는 엄격한 개념의 강확장조건(strong extension condition) 대신에 '끼워넣기(tucking in)'까지도 허용하는 Norvin Richards의 '약확장조건(weak extension condition)'을 채택하고 있다.

적인 조직으로 나타나는 요인이다. 이 유전적 자질은 언어경험의 환경적인 영향을 해석하여 언어기능의 일반적 성장과정을 결정하며, 자신의 설계에 따라 구성적 제약을 가함으로써 연산의 한계를 설정한다. (7ii)의 경험은 국한된 범위의 변이를 유발하는 효과를 낳는데, 이러한 경험의 효과는 인간의 다른 능력과 유기체에서 일반적으로 나타난다. 언어성장에 영향을 미치는 세 번째 요인인 (7iii)의 비언어기능적 원리는 (7i)과 (7ii)와 깊이 관련되는 원리로서 다음과 같은 하위원리들로 구성되어 있다.

(8) (ⅰ) 자료분석의 원리(principles of data analysis)
(ⅱ) 구조적 구성과 성장제약의 원리(principles of structural architecture and developmental constraints)
(ⅲ) 효과적 연산의 원리(principles of efficient computation)

(8)의 하위원리들은 (7)의 언어성장을 결정짓는 요인들과 상호 복합적으로 관련을 맺고 있지만, 1차적인 관계를 개략적으로 나타내면 다음과 같다.

(8i)는 언어습득과 기타의 영역에서 사용되는 원리로서 (7ii)와 직접적으로 관련된다. 즉, 언어습득 시 경험하는 언어자료를 분석하여 매개변인의 값을 결정함으로써 언어적 변이(linguistic variations)를 결정하는 데 참여하는 원리이다. 오랫동안 생성언어학(Generative Linguistics)에서는 언어의 경험과 학습의 문제가 기술적 타당성

(descriptive adequacy)과 설명적 타당성(explanatory adequacy) 사이에 긴장(tension) 관계를 조성해 왔는데, 원리매개변인이론 (principles and parameters theory: P&P theory)에서는 이러한 긴장 관계를 해소하고, 기술적 타당성과 설명적 타당성을 동시에 성취하는 문법체계에 대한 가설을 제시하고 있다. 즉, 언어습득을 (8i)의 원리 하에서 제한된 언어자료의 경험을 통해 결정되는 매개변인의 값에 의해 (8ii)의 원리 하에서 수로화를 거쳐 제한적으로 결정되는 가능언어 (possible languages)들 중에 하나의 (내재)언어(I-language)를 선택하는 과정으로 봄으로써 설명적 타당성을 포착하게 되고, 이렇게 선택되는 내재언어는 무수한 표현들(infinite expressions)의 집합인 외재언어(E-language)를 생성한다고 가정함으로써 기술적 타당성을 포착하게 된다. 생물언어학적 관점에서는 (7ii)의 언어경험은 (8i)의 원리 하에서 매개변인의 값을 결정케 함으로써 언어성장에 촉발자(trigger)의 역할을 담당하며, 언어기능의 최초상태(initial state)에서 최종상태 (final state)에 이르는 언어습득(즉, 언어성장)의 과정은 (8ii)의 원리 하에서 촉발사의 조정을 빚으며 정해진 통로(channels)로 나아가는 수로화 과정이다.

또한, (8ii)의 원리는 수로화, 유기체의 형태, 행동의 결정 등에 참여하는 원리로서 (7i)과 (7ii)의 요인과 복합적으로 관련된다. (8ii)의 원리는 진화론적 관점에서 인간의 유기체적 특성에 따라 인간의 유전적 자질인 언어기능의 돌연적이며 창발적(sudden and emergent)

인 발생이 가능하도록 하였으며, 또한 언어학습적 차원에서는 언어 성장과정에서 언어(기능)기관의 조직적 특성을 반영케 함으로써 한 정된 범위의 최적 최종상태(optimal final states)에 이르게 하는 원 리이다.

(8iii)는 언어와 같은 연산적 체계에 특별한 의미를 갖는 자연의 원 리로서 (7i)와 직접적인 관련이 있다. 즉, 인간의 유전적 자질인 언어 기능은 연산의 체계인데, 이 연산의 체계가 최적의 조직으로 가장 효 율적인 연산이 가능하도록 하는 원리이다. 이 원리에는 이전의 최소 주의문법에서 소개되어온 개념적 필연성(conceptual necessity), 자연성(naturalness), 최소성(minimality), 경제성(economy), 최 적성(optimality), 완벽성(perfection) 등의 개념들이 내포되며, 이 들 개념들 역시 상호 포함관계에 있거나 협력관계에 있다.

또한 자연성에는 경제성과 최소성이 포함되는데, 경제성과 최소성 은 (7i)의 유전적 자질(언어기능)이 (8ii) 하에서 돌연적이며 창발적 (sudden and emergent)인 진화의 결과로 발생할 경우에도 참여하 였을 뿐만 아니라, 언어기능의 연산과정을 통제하는 조건으로도 참 여하게 된다. 요컨대, 경제성과 최소성에 의해 언어기능의 조직은 최 소의 경제적인 조직(minimal economical system)이며, 또한 언어 기능의 연산작용도 역시 최소의 과정으로 가장 경제적인 방법으로 이 루어진다는 것이다.

또 다른 (8iii)의 효과적 연산은 불변경조건(no-tampering

condition)에서도 그 특성이 잘 나타난다. 불변경조건이란 다양한 복합적 표현을 생성하는 협소통사부의 작용이 결코 도출과정에서 새로운 요소를 첨가하거나 삭제함으로써 그들이 적용되는 통사대상을 수정할 수 없다는 조건이다. 불변경조건에는 내포성조건(inclusiveness condition)과 확장조건(extension condition) 등이 포함된다. 내포성조건은 협소통사부의 연산작용은 통사대상의 도출과정에서 새로운 정보를 첨가하지 않고 오직 어휘부에서 제공된 언어정보(즉, 어휘항목들)에만 의존해서 다양한 표현(통사대상)을 생성해 나가야 한다는 것이다. 이러한 내포성조건에 의해 Chomsky(1972) 이후 Y-모형이론(Y-Model theory)에서 채택하였던 범주계층(bar-level), 흔적(traces), 지표(index) 등의 개념이 문법체계에서 사라지고, 그 대신 필수구구조이론(bare phrase structure theory)과 복사이론(copy theory)이 채택된다. 한편, 확장조건은 병합(Merge)의 연산이 주어진 두 개의 통사대상을 결합하여 더 큰 단위의 통사대상을 만들어낼 때 주어진 통사대상의 뿌리(Root)에만 병합이 적용되어야 한다는 것이다. 만약 병합이 주어진 통사대상의 내부에서 이루어진다면 그 통사대상의 구조를 변경하므로 결과적으로 불변경조건의 위반이 초래된다.

한편 Chomsky(2005)에 의하면, 인간의 진화과정에서 돌연적이며 창발적(sudden and emergent) 진화의 결과로 발생한 위대한 도약(Great Leap Forward)의 핵심이 바로 병합(Merge)이라고 본다.

병합이란 두 개의 서로 다른 독립적인 개념(대상)을 인식하고, 이들을 결합함으로써 더 크고 복잡한 개념(대상)을 만들어내는 능력이다. 이러한 병합을 반복적으로 적용하면 고도로 복잡한 개념(대상)을 창출할 수 있게 되어 인간의 사고활동을 가능케 한다는 것이다. 최소주의 이론에서는 언어의 연산작용에 나타나는 병합은 외부병합(external Merge)과 내부병합(internal Merge)의 두 종류가 있다고 본다. 언어체계가 두 종류의 병합을 갖는다는 사실은 외견상 최소성조건과 효과적 연산의 원리를 위반하는 것처럼 보인다. 그러나, 개념적 필연성의 차원에서 보면 전혀 최소성조건과 효과적 연산의 원리를 위반하는 것이 아니라는 것을 확인하게 된다. 즉, 개념적 필연성은 언어란 수행체계인 감각운동체계와 개념의도체계의 요구에 충족해야 하는 것인데, 이 경우에 의미를 해석하는 개념의도체계에서는 인간의 복잡한 사고를 표현할 수 있는 의미적 다양성(semantic multiplicity)을 요구하게 되고, 언어는 이러한 요구에 부응해야 함으로 의미적 다양성을 충족할 수 있는 다양한 방법을 제공해야 한다는 것이다. 이러한 차원에서 언어체계에 두 종류의 병합작용이 존재한다는 것이다. 즉, 외부병합은 논항구조(argument structures)를 생성하고, 내부병합은 외곽특성(edge properties)인 작용역(scope)과 담화관련 정보(discourse-related information)(신구 정보, 주제, 초점 등등)를 생성한다.

한편, 강력최소주의이론의 언어연구 역시 위에서 언급한 바와 같이 언어기능이 접합부조건(interface conditions: IC)과 자연의 일반원리(general principles)에 의해 완벽히 설명될 수 있는 완벽성을 갖춘 체계라는 가정 하에서 시작한다. 그러나 개별언어현상을 다루는 기술적 차원의 문법연구에서는 가끔 불완전한(imperfect) 문법장치가 제시되기도 하는데, 이러한 비완벽성(imperfections)들은 소위 외견상의 비완벽성(apparent imperfections)으로서 차후 더욱 완벽한 문법체계가 규명된다면 해결될 수 있는 것들이다. 그러나 실증적 증거(empirical evidence)에 의해서 비완벽성의 문법장치가 실제로 요구될 경우도 있을 수 있는데, 이러한 비완벽성을 실재적 비완벽성(real imperfections)이라 하며, 실재적 비완벽성은 경로-의존적 진화과정(path-dependent evolutionary history)이나, 두뇌나 유기체의 특성, 혹은 다른 근거에 의한 독자적 설명을 필요로 한다.

이러한 차원에서 Chomsky(2004)에서는 (7i)에서 기술하고 있는 유전적 자질(genetic endowment)인 언어기능의 최초상태(S_0)가 다음과 같은 특성으로 분석될 수 있다고 본다.

(9) (i) 설명될 수 없는 요소(unexplained elements)

(ii) 접합부조건(IC)

(iii) 일반적 특성(General properties)

위에서 (9i)는 원리에 의해 설명될 수 없는 소위 '실재적 비완벽성

(real imperfections)'의 문제를 말하며, (9ii)는 소위 감각운동체계와 개념의도체계가 요구하는 해독성조건(즉, 언어의 설계도)에 의해 설명될 수 있는 특성을 말하고, (9iii)는 자연의 요구인 최소성, 자연성, 효율성 등에 의해 설명될 수 있는 소위 '훌륭한 설계(good design)'의 특성을 말한다. 자연의 요구인 (9iii)에 비해 (9i)과 (9ii)는 인간의 유기체적 조직에 의해 요구되는 일반적 특성(general properties of organic system)이라 할 수 있다. 여기서 (9ii)와 (9iii)은 원리에 입각해 설명될 수 있는 부분이지만, (9i)는 그렇지 못한 부분이다. 강력최소주의이론에서는 언어기능은 원리적 설명(principled explanation)이 가능한 완벽한 체계(perfect system)라고 가정하므로, 이 이론에 의하면 사실상 (9i)는 존재하지 않는다. 따라서, 언어기능의 최초상태는 전혀 (이성주의 철학의 주장에서와 같이 신으로부터 부여받은) 본유적 실체가 아니라, 오로지 감각운동체계와 개념의도체계의 요구 속에서 자연의 원리(물리적 법칙)에 따라 후천적 진화과정을 통해서 발생한 자연의 한 개체로서 자연과학적인 방법론(객관적 자료수집과 귀납적 자료분석)에 의해 기술될 수 없는 기계적 조직체라는 것이다. 이러한 관점에서 볼 때, 신으로부터 부여받은 인간의 본유적 정신영역인 소위 데카르트(Descartes)의 '고기토(Cogito)'는 언어기능 자체가 아니라, 오히려 이러한 언어기능을 진화과정을 통해 만들어낸 설계도(design specification), 즉 인간의 감각운동체계와 개념의도체계라고 보아야 한다. (김용석

(2012b, 2012f) 참조)

그러나, 강력최소주의이론의 예상과 달리, 사실상 자연언어에는 개별언어들 간에 다양한 매개변인적 변이(parametric variation)가 나타나는데, 이러한 변이현상은 일견에 명백한 비완벽성(imperfection)에 해당되는 것으로 보인다. 생성언어학에서 매개변인적 변이의 문제는 사실상 설명적 타당성(explanatory adequacy)을 추구하는 언어이론에서 기술적 타당성(descriptive adequacy)과의 사이에 나타나는 간격(gap)을 메우기 위한 불가피한 조치라 본다. 따라서 강력최소주의이론에서는 매개변인적 변이를 허용하되 그 다양성을 최소화하려는 의도 하에 다음과 같은 소위 획일성원리(uniformity principle)를 제시한다.

(10) 반대할 강력한 증거가 없는 경우에는, 언어들은 획일적이라고 가정하여야 하며, 언어 간의 다양성은 쉽게 포착되는 발화의 특성에 국한된다고 보아야 한다. (In the absence of compelling evidence to the contrary, assume languages to be uniform, with variety restricted to easily detectable properties of utterances.)

즉, (10)의 획일성원리에 의하면, 모든 자연언어는 어휘부(Lexicon: LEX)에서 의미표상(SEM)에 이르는 소위 협소통사부(narrow syntax: NS)의 연산과정(computation)은 동일하며, 어순 등 의미와 상관없이 나타나는 언어 간의 차이는 모두 문자화

(Spell-Out: S-O) 이후에 음성표상(PHON)에 이르는 소위 음운부(phonological component)에서 개별언어원리에 의해 발생하는 개별언어현상(즉, 감각운동접합부의 외현화(SM externalization))라고 본다. 따라서 강력최소주의이론에서는 음운부보다 협소통사부에 더 큰 관심을 두고 언어연구를 진행한다.

이제, 강력최소주의적 관점에서 인간의 진화과정에서 자연발생적으로 생겨났다고 주장하는 언어기능(FL)의 발생과정을 간략히 살펴보자.

언어(language)는 기능적으로 말해 의사소통(communication)의 체계이다. 의사소통이란 사고의 전달이며, 지구상의 많은 동물 중에 인간만이 차원 높은 의사소통의 체계인 언어를 보유하고 있다. 이는 인간만이 고도로 발달된 사고의 체계(system of thoughts)인 개념의도체계를 소유하고 있음을 말한다.[20]

---

20) 이러한 차원에서 보면, 언어학은 인간언어(human languages)의 연구이면서, 동시에 인간의 개념의도체계에 대한 연구이기도 하다. 사실상, 변형생성문법들은 인간언어의 연구를 통해 인간의 본성(human nature), 즉 인간의 지성체계(human mind)를 규명할 수 있다고 본다. Chomsky(1972)에서는 다음과 같이 언급하고 있다.
(i) "언어연구의 수행을 통해 우리가 밝혀내어야 많은 과제가 있다. 그 중에서 본인이 개인적으로 크게 흥미를 느끼고 있는 것은 언어의 연구가 바로 인간 지성의 본질적 특성을 규명해 줄 어떤 실체를 확인시켜 줄 수 있다는 가능성이다. (There are a number of questions which might lead to undertake a study of language. Personally, I am primarily intrigued by the possibility of learning something, from the study of language, that will bring to light inherent properties of the human mind.)"

그러면, 개념의도체계를 소유하고 있는 인간이 사고전달(즉, 의사소통)의 수단인 언어를 어떻게 확보하는 것일까? 촘스키(Chomsky 1995)에서는 만약 인간에게 음성을 만들어 내는 발성기관(sound organ)이 없고 고도의 정신감응력(즉, 텔레파시 telepathy)이 있다면, 아마도 인간은 음성 대신 정신감응력을 통해 사고의 전달을 수행하였을 것이라고 본다. 이러한 정신감응력까지도 없다면, 아마도 인간은 몸짓언어(body language)나 기호언어(sign language) 등을 통해 의사소통을 수행했을 것이다. 그러나 발성기관을 가지고 있는 인간이 음성을 통해 의사소통을 수행하고 있다는 것은 매우 자연스러운 결과이다. 이 발성기관(폐, 목, 입, 혀, 코 등등)은 두뇌(brain)의 통제를 받아 음성을 만들게 되는데, 발성기관을 통제하는 이러한 두뇌의 수행체계(performance system)를 감각운동체계(sensori-motor system: SM)라 한다. 요컨대, 최소주의이론에서는 언어란 인류가 본유적으로 두뇌 속에 보유하고 있는 개념의도체계(CI)와 감각운동체계(SM)를 최적(optimally)으로 매개하여 의사소통을 가능하게 해 주는 두뇌의 인지체계(cognitive system)라고 보며,[21] 특히 강력최소주의이론에 이르러서는 이러한 (언어) 인지체계는 1차적으로는 개

---

21) Chomsky(1995)에서는 사고체계(system of thoughts)를 개념의도체계(conceptual intentional system: C-I), 감각운동체계를 조음청취체계(Articulatory Perceptual system: A-P)라고 일컫는다. 또한 최소주의이론에서는 (언어)인지체계(language system)를 언어기관(language organ) 혹은 언어기능(faculty of language: FL)이라 부르기도 한다.

념의도체계, 2차적으로는 감각운동체계의 요구에 의해 인류의 진화 과정에서 자연발생적으로 생겨났다고 본다.22) 이러한 언어기능 (faculty of language: FL)의 발생기원을 간략히 도표로 표현하면 다음과 같다.23)

(11) 언어기능의 발생(진화과정):

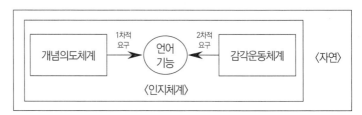

위의 그림에서와 같이 강력최소주의이론에서는 언어기능이 물질 의 법칙에 지배를 받는 자연 속에서 인간의 본유적인 개념의도체계와

---

22) 고인류학적 증거(paleoanthropological evidence)에 의하면, 현대인의 조상을 약 200,000년 전에 발현한 호모 사피엔스(Hómo sápiens)로 보는데, 인간언어의 정확한 대체물로 보이는 기호화된 사고(symbolic thought)가 약 100,000년 전 아프리카 중기 석기시대(African Middle Stone Age)에 호모 사피엔스의 한 종족에서 사용된 것으로 주장한다. 호모 사피엔스가 그 이전의 인류의 조상과의 차이 중에 하나가 바로 이 기호화 된 사고의 사용인데, 이 기호화된 사고를 언어라고 본다면, 진화론적으로는 (언어)인지체 계가 약 100,000년 전 호모 사피엔스에서 발현한 것으로 보아야 한다. (참조, Chomsky(2014) (citation: Bolhuis et al.(2014))

23) 인간의 '언어기능(faculty of language: FL)'이란 용어는 일반적으로 언어를 담당하는 인지체계만을 일컫는 말로 사용하지만, 경우에 따라서는 언어의 인지체계뿐만이 아니 라 개념의도체계와 감각운동체계 모두를 함께 일컫는 말로 사용하기도 한다. 초기 생성 문법에서는 언어의 인지체계를 '언어능력(linguistic competence)'이라 일컬었다.

감각운동체계의 요구에 의해 인류의 진화과정에서 자연발생적으로 생겨난 유전적 인지능력이라 정의한다. 따라서 언어기능은 그것이 생성하는 음성표상과 의미표상의 언어정보가 각기 개념의도체계와 감각운동체계의 요구를 모두 충족해야 한다. 이러한 수행체계의 요구를 접합부조건(IC)이라 한다.[24] 언어기능에 의해 생성되는 언어정보가 실제로 언어표현으로 사용될 수 있기 위해서 위 (9ii)의 요인인 접합부조건을 충족해야 한다는 것은 당연한 요구이다. 이런 견지에서 접합부조건은 언어기능을 만드는 최소한의 설계도(minimal design specifications)라고 할 수 있고, 자연은 인류의 진화과정 속에서 이러한 설계도를 최적으로 충족하는 언어기능을 만든 초기술자

---

24) 사실상 '접합부(interfaces)'란 최소주의이론에서 두 가지 다른 개념으로 사용된다. Chomsky(2004)에서는 음성표상(PHON)과 의미표상(SEM)에 적용되는 '해독성조건(legibility condition)'을 '접합부조건(interface conditions: IC)'이라고 일컫는다. 이는 곧 음성표상과 의미표상이 언어기능인 인지체계와 감각운동체계와 계념의도체계로 구성되는 실행체계를 매개하는 '접합부(interface)'란 의미가 된다. 이는 최소주의이전의 소위 원리매개변인이론에서 논리형태(I F)와 음성형태(PF)를 '접합부'로 지칭했던 이유와 맥을 같이한다. 그러나 최근 Chomsky(1999) 이후 강력최소주의이론(SMT)의 탐침자-목표물 문법체계(Probe-Goal Framework)에서는 접합부를 감각운동체계와 계념의도체계 자체를 일컫는 말로 주로 사용한다. 따라서, '감각운동접합부(SM interface)'와 '개념의도접합부(CI interface)'란 용어가 빈번히 등장한다. 이는 감각운동체계와 계념의도체계가 언어정보를 생산하는 언어인지체계와 그 언어정보가 의미(meaning)와 소리(sound)로 외현화되어 나타나는 실세계(real world)를 매개하는 '접합부'라는 의미가 된다. 이 때 접합부조건(IC)이란 언어인지체계에서 생산하는 언어정보(즉, 음성표상과 의미표상)를 받아들여 소리와 의미로 외현화할 때 적용되는 감각운동체계와 개념의도체계의 요구를 의미한다고 보아야 한다.

(superengineer)라고 볼 수 있다.25) 이러한 차원에서 언어기능의 발생(제작)을 위한 설계도(design-specification)는 위 (11)의 그림에서와 같고, 훌륭한 제작의 평가 기준은 위 (9iii)의 요인에 기인하는 '최소성(minimality),' '효율성(efficiency),' '경제성(economy),' '최적성(optimality),' '완벽성(perfection),' '자연성(naturalness) 등등의 '자연의 법칙(law of nature)'26)이라는 강력최소주의이론 (SMT)의 주장이 다시 한 번 입증된다.27)

---

25) Chomsky(1998)에서는 언어에 대해 다음과 같이 정의하고 있다.

(i) The language organ is a perfect solution to minimal design specifications.

(ii) Language is an optimal solution to legibility condition.

Chomsky(1998)에서는 접합부조건을 "해독성조건(legibility condition)"이라 일컫는다. 이는 언어 인지체계가 생산하는 언어정보(즉, 음성표상과 의미표상)가 각기 감각운동접합부와 개념의도접합부에서 해독될 수 있는 정보로 이루어져야 한다는 의미를 함축하고 있다. 최근 Chomsky(2013, 2015)에서 주장하는 '표찰화(labeling)'도 언어 인지체계(연산체계)가 생산하는 언어정보(통사대상)가 접합부에서 적절한 해석을 받기 위한 작용으로 규정함으로써, 사실상 해독성조건을 충족하기 위한 언어작용으로 언어의 완벽성에 해당된다고 보아야 한다.

26) (9iii)의 요인에 기인하는 이러한 '최소성,' '효율성,' '경제성,' '최적성,' '완벽성,' '자연성' 등등의 자연의 법칙을 Chomsky(2013, 2015)에서는 강력최소주의이론이 지향하는 '최소의 연산(Minimal Computation: MC)'이라는 일반원리(general principle)라고 주장한다.

27) 유전적이며 본유적인 언어기능이 존재하며, 이러한 언어기능은 (9ii)와 (9iii)의 요인에 의해 인간의 진화과정에서 자연발생적으로 발생했다는 강력최소주의적 주장의 타당성은 인간의 언어만이 갖는 다음 (i)-(iii)과 같은 유일성(uniqueness)에 의해서 입증된다.

(i) 인간언어의 연산체계(computational system)는 다른 인지기능(cognitive functions)과 구별되며, 그 유사물(analogues)을 동물 등의 다른 유기체에서 찾아볼 수 없다.

(ii) 인간언어는 경험의 세계에서는 존재하지 않는 계층적 구조(hierarchical structure)와

만약 장차 수행체계의 본질이 규명되어 접합부조건의 실체가 밝혀지고, 또한 자연의 요구를 반영한 '훌륭한 설계(good design)'가 어떤 것인지 밝혀진다면, 강력최소주의이론의 언어연구는 자연과학(혹은 구조주의문법)과 마찬가지로 실증적 발견(empirical discovery)을 추구하는 실증적 연구(empirical inquiry)의 일환이 될 것이다. 그러나 현재로서는 이러한 단계에 이르지 못하고 있으므로 강력최소주의적 언어연구는 선험적(prioristic)인 일반지침 하에서 진행되는 이성적 연구(rational inquiry)의 성격을 띤다. 그럼에도 불구하고 수행체계의 본질과 최적성에 대한 선험적 가정(즉, 일반원리)에서 시작하는 연역적 추론(deductive reasoning)으로 얻는 합리적인 옵션(reasonable options)들 중에 어느 것이 실세계(actual world)에서 실현(instantiate)될 수 있는 옵션인지 검증하는 실험은 강력최소주의이론의 이성적 언어연구에서 반드시 필요하다.[28] 왜냐하면, 연역적 추론에 의해 얻어지는 결론은 실증적 증거에 의해만 사실로

전위(displacement) 등의 독특한 특성들을 갖다.

(iii) 인간언어는 보편성(universality)과 생산성(productivity)을 갖는다.

이러한 인간언어의 유일성은 모두 병합(Merge)이라는 하나의 연산에 기인하는 특성들로 평가된다. 따라서 이는 병합이 인간의 진화과정에서 자연발생적으로 발생한 언어기능이라는 강력한 증거가 된다.

28) 이러한 주장과 관련하여 Chomsky(1999)에서는 다음과 같은 언급이 제시되고 수 있다:
"Even the most extreme proponents of deductive reasoning from first principles, Descartes for example, held that experiment was critically necessary to discover which of the reasonable options was instantiated in the actual world."

입증될 수 있기 때문이다.

최근 Chomsky(2013, 2015)에 의하면, 강력최소주의이론의 핵심적 주장은 위 (11)의 그림에서와 같이 인간의 진화과정에 발생한 유전적 자질의 요체는 '병합(Merge)'이라는 매우 단순한 연산작용이고, 이 연산작용이 위 (7iii)/(9iii)의 요인에 기인하는 '최소의 연산(minimal computation: MC)'의 원리 하에서 계층적 구조를 갖는 표현들을 무한히 생성함으로써29) 인간의 복잡다단한 사고의 표현(1차적 요구)과 의사소통(2차적 요구)을 가능하게 한다는 것이다. 즉, 강력최소주의적 명제(SMT proposition)는 오직 '병합'과 '연산적 효율성'에 의해 자연언어의 문법현상을 완벽히 설명하고자 하는 것이다.30)

---

29) 사실상, 병합은 합성성(compositionality)과 전위(displacement)에 기여함으로써 인간언어의 고유한 특성인 문장의 계층적 통사구조(hierarchical syntactic structures)를 만들어낸다.

30) 강력최소주의적 명제란 인간의 언어기능은 자연의 법칙 속에서 감각운동체계와 개념의도체계의 요구(즉, 접합부 조건(IC))에 의해 인간의 진화과정에서 자연발생적으로 생겨난 유전적 인지능력이라는 기본적 가설 하에서 다음과 같은 언어연구의 기본적 책략을 말한다.

 (i) 연산체계(C_{HL})의 작용으로 생성되는 언어정보는 감각운동체계와 개념의도체계의 요구(접합부조건)를 최적으로 충족해야 한다.

 (ii) 언어정보를 생산하는 연산체계는 최대로 단순해야 한다.

 (iii) 언어정보의 생산과정에서 자연의 법칙인 최소의 연산(minimal computation: MC)의 원리가 최대로 반영되어야 한다.

 본서에서는 이러한 '강력최소주의적 명제'를 실현하려는 지향과 신념을 '강력최소주의적 정신(SMT spirit)'이라 일컫기도 한다. Chomsky(2008, 2013, 2015)에서는 '강력최

Chomsky(1999, 2004)에서는 강력최소주의적 정신(SMT spirit)에 따라 다음의 모형에서와 같은 소위 '탐침자-목표물 문법체계(Probe-Goal Framework)'를 제안하고 있다. (김용석(2006f) 참조)

다음 모형에서 제시되는 '탐침자-목표물 문법체계'에서와 같이, Chomsky(1999, 2004)에서는 강력최소주의적 정신에 따라 언어기능(FL)의 최초상태 S_0는 인간언어의 기본특성(basic properties)인 자질(features)들의 집합체 {F}와 연산체계(C_{HL})로 이루어져 있다고 본다. 즉, S0는 {F}와 C_{HL}로 구성되어 있으며, 이중 {F}는 언어경험을 통해 개별언어에 노출됨으로써 개별언어에 활용될 {F}의 하위집합체인 [F]가 일괄적 수집(one-time collection)으로 결정되고, 또한 [F]의 구성요소들을 일괄적 조립(one-time assembly) 작용을 통해 그 개별언어의 어휘부(Lexicon: LEX)를 만든다.[31]

소주의적 정신'에 따라 표찰화 이론(labeling theory)이라는 새로운 문법체계를 제안한다. 표찰화 이론은 가장 단순한 연산 작용인 '최단순 병합(simplest Merge)'과 '표찰화 연산공식(labeling algorithm: LA)'의 도입으로 언어정보의 생산과정에 '최소의 연산(MC)'의 원리가 최대로 반영되는 최적의 이상적인 문법체계의 구축하고 있다. 요컨대, 표찰화 이론은 강력최소주의적 정신을 실천하고자 하는 Chomsky의 확신에 찬 생성문법적 도전(generative challenge)이라 평가된다.

31) 여기까지의 과정이 내재언어(I-language)를 결정하는 매개변인의 값을 고정하는 언어습득과정에 해당된다. Chomsky(1999, 2004)에 의하면, 연산체계 C_{HL}은 매개변인과 상관없이 모든 언어에 획일적인 것이라고 본다. 따라서 언어의 변이(variations)는 개별언어 간 어휘항목(LI)의 차이, 구체적으로 말하면, 기능범주(functional category)의 자질구성의 차이에 기인하는 것으로 본다. 필자(참조, 김용석(2012f))의 평가로는 위 (7ii)의 요인에 의한 언어의 변이(variations)와 매개변인화(parameterization)를 제외한 어휘부의 구성은 사실상 인간이 유전적으로 타고나는 인지능력(언어기능)에 해당된다고 본다.

(12) 탐침자-목표물 문법체계의 모형

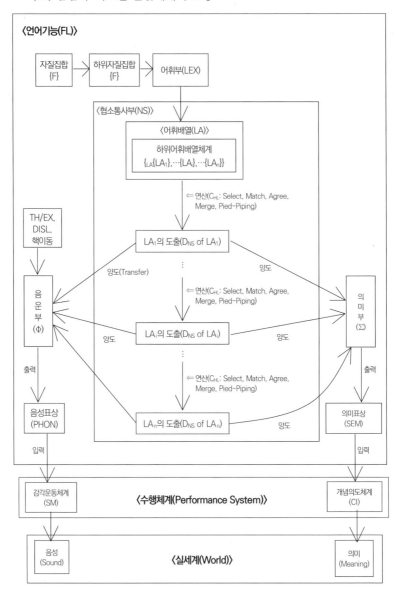

어휘부란 자질결합의 최소단위인 어휘항목(LI)들의 집합체이다. 이와 같이 언어경험을 통해 개별언어의 어휘부 LEX가 구성되면, 이제 수행체계(performance system)의 요구에 의해 LEX로부터 일괄적 수집(one-time collection) 작용으로 표현(expressions) EXP의 도출(derivation) D에 필요한 어휘항목의 집합체인 어휘배열(lexical array) LA이 구성된다.[32] Chomsky(2001, 2008)의 국면이론(Phase Theory)에서는 LA가 어휘항목들의 소집합체인 하위어휘배열(lexical subarray) LA$_i$들의 집합으로 이루어져있다고 본다. 하위어휘배열의 집합체인 어휘배열 LA가 구성되면, 이 LA는 협소통사부(narrow syntax: NS)로 넘겨지고, LA를 넘겨받은 협소통사부에서는

즉, 개념(사고)의 최소단위로서의 '어휘항목(즉, 사고의 어휘)'의 구성(즉, 특정의 의미자질과 형식자질의 결합)과 이러한 어휘항목들의 구성체인 어휘부는 (7ii)의 요인에 의한 언어의 후천적 경험 이전에 이미 위 (9ii)의 요인에 의해 인간의 진화과정에서 발생한 언어기능(즉, 데카르트의 '고기토')의 한 영역이다. 이러한 주장에 의하면, 인간의 진화과정에서 발생한 인간의 유전적 언어기능(UG)은 사고의 어휘들로 구성된 어휘부(Lexicon)와 가장 단순한 연산체계인 병합(Merge)으로 이루어지고, (7ii)의 요인에 의한 후천적 언어경험은 오로지 언어의 변이와 매개변인화와 관련되는 기능범주의 일부 자질구성에만 관여한다. 후천적 경험에 의한 내재언어(I-language)의 습득은 언어의 변이와 매개변인화를 야기하는 기능범주의 자질구성에 국한된다. 이러한 차원에서 고찰해 보면, 인간의 진화과정에서 발생한 두 가지 언어기능인 병합과 어휘부 중에서 어느 기능이 먼저 발생했는지의 흥미로운 의문이 제기된다. 이러한 의문 역시 분명히 언어의 근원적 속성을 규명하는데 필요한 중요한 난문(puzzle) 중에 하나이다. 그러나 이 문제에 대한 심도 있는 논의는 차후 연구과제로 돌리고자 한다.

32) 어휘배열 LA는 동일어휘가 두 번 이상 선택된다면 그 회수만큼 그 어휘에 번호를 붙이게 되므로 Chomsky(1995)의 개념인 배번집합(numeration: N)이 된다.

이제 연산체계(computational system: C_{HL})가 작용하여 LA로부터 도출 D_{NS}를 생성해 낸다. 연산체계에는 선발(Select), 대조(Match), 일치(Agree), 병합(Merge), 표찰화(Labeling) 등의 연산(computation)이 존재한다. 이러한 연산은 하위어휘배열 단위로 반복적으로 적용되어 각 하위어휘배열마다 그것의 독자적인 D_{NS}를 순차적으로 생성한다. 이러한 차원에서 협소통사부는 어휘배열(LA)을 넘겨받아 도출(D)을 만들어내는 생성엔진(generative engine)이라 할 수 있다. 이렇게 각 하위어휘배열 단위마다 얻어지는 D_{NS}를 국면(phase)이라 하며, 국면은 연산이 반복적으로 적용되는 순환단위(cycle)가 된다.

연산 중에 일치는 때로는 수반과 병합 작용을 유발하여 이동(Move)을 야기하기도 한다. 연산을 통해 얻어진 도출은 양도(Transfer)의 작용에 의해 국면 단위로 음운부(phonological component) Φ와 의미부(semantic component) Σ로 양도(transferred)되고, Φ와 Σ는 이관받은 도출 D_{NS}에 각기 해당 규칙과 원리를 적용하여[33] 음성표상(phonetic representation) PHON과 의미표상(semantic representation) SEM을 사상(mapping)한다. PHON과 SEM은 각

---

33) 협소통사부에서 도출된 언어정보인 D_{NS}를 양도(Transfer) 작용에 의해 음운부로 이관(transfer)하는 과정을 "문자화(Spell-Out)"라 한다. 음운부에서 적용되는 규칙은 핵이동(head movement)과 같이 의미적 차원에서 영향을 미치지 않으나, 매개변인적 변이(parametric variation)에 따라 언어 간에 어순의 차이를 일으키는 개별언어의 이동규칙들이 적용되고, 의미부에서는 의미역 구조(θ-structure)와 EPP와 관련되는 표면해석 INT 등에 대한 해석규칙과 결속원리, 양화원리 등이 적용된다.

기 수행체계(performance system)인 감각운동체(sensori-motor system) SM과 개념의도체계(conceptual-intensional system) CI로 보내져 각기 음성과 의미로 외현화(externalization)/해석 (interpretation)된다.

1. 생성문법적 과업과 표찰화

　1957년 N. Chomsky의 *Syntactic Structures*의 출판으로 시작된 소위 '생성문법적 과업(generative enterprise)'에서 가장 두드러진 두 가지 개념을 들라면, 그건 바로 인간이 본유적으로 타고나는 언어기능의 최초상태(initial state)인 보편문법(UG)과, 일정한 경험의 과정을 거쳐 도출되는 언어기능의 최종상태(final state)인 내재언어(I-languages)이다. 그 이후 오늘날까지 추진되어온 생성문법적 과업의 수많은 연구는 그 범위와 깊이를 더해 왔으며, 최근에는 상당한 수준으로 언어의 근본적 원리들을 규명함에 이르렀다. 먼저, 내재언어에 대한 기술적 타당성(descriptive adequacy)의 추구는 결과적으로 보편문법에 대한 복잡다단한 가정들을 요구하게 되었던 바, 이러한 문제점의 해결이 생성문법적 과업의 우선적인 목표 중의 하나가 되었으며, 그 핵심적 과제로는 합성성(compositionality), 어순(order), 투사(projection)(즉, 표찰화(labeling)), 그리고 전위(displacement) 등의 문제가 있었다. 생성문법적 과업의 초기에는 합성성, 어순, 투사의 문제는 구구조규칙(phrase structure rules: PSR)이 담당했으며, 전위는 변형영역(transformational component)에서 다루었다. 그러나 생성문법적 과업의 발전에 따라 언어의 연산 과정이 점차 단순화되고, 그 결과 최근 최소주의 프로그램(Minimalist Program: MP)에 이르러서는 합성성과 전위는 복사이론(copy theory)의 도움으로 병합(Merge)의 연산에 귀속되었고, 어순은 감각운동접합부의 외현화(SM externalization)의 결과로 취급하게 되었다. 이러한 결론은 앞으로 여러 가지 중요한 결과들을 낳을 것으로 기대되지만, 투사(즉, 표찰화)의 문제는 아직도 어떻게 다룰 것인지 미정으로 남아있다. 다만, 강력 최소주의적 정신(SMT spirit)에 따라 '최소의 연산(MC)'의 원리를 충족하는 방안이 강구되어야 하며, 어떤 방안이 강구되든지 간에 그 방안은 타당성에 대한 상당한 경험적 증거가 확보되어야 할 것이다.

언어란 '의미를 갖는 소리'라는 아리스토텔레스의 진술을 기반으로 언어를 의사소통의 수단으로만 인식하는 비존재론적 연구관행은 기본적으로 개인이 사용하는 언어는 모두 그 개인의 경험으로 획득되는 것으로 보고, 감각운동접합부(SM interface)의 해석과정을 통해 음성으로 외현화된 경험의 대상이 되는 외재언어(external languages)를 진정한 언어로 규정하며, 발견과정(discovery procedure)이란 연구방법론을 통해 외현언어의 언어자료를 수집하고 이를 분석하여 정리하는 일을 언어연구의 목표로 삼았다. 이러한 비존재론적 연구관행은 개인적 경험이 개인의 언어를 결정한다고 보기 때문에, 이는 곧

상이한 경험은 상이한 언어를 만들며, 따라서 이 세상의 모든 개별언어(particular languages)들은 서로 공통점이 없고 상이하다는 결론에 이른다. 이러한 결론은 인간의 언어는 경험에 따라 달라지는 무한대(infinitude)의 변이형을 갖는다는 의미이므로, 결국 비존재론적 연구관행들은 인간은 한정된 언어경험을 통해 무한대의 변이형 중에 하나를 자신의 언어로 선택한다는 논리부재(abduction)의 모순에 봉착하게 된다.

뿐만 아니라, 비존재론적 연구관행들은 인간의 언어만이 갖는 본질적 특성(계층적 구조, 공범주와 전위의 존재, 그리고 생산성 등)에 대해서는 아무런 언급도 할 수 없다는 원천적인 약점을 지님은 물론, 언어기능의 발생에 대한 진화론적 주장에 대해서도 아무런 일관성 있는 설명을 제공하지 못한다.

사실상, 1957년 *Syntactic Structures*의 출판으로 시작된 생성문법적 과업에서는 시작의 초기에서 시작하여 오늘날 최소주의 프로그램(MP)에 이르기까지 줄곧 보편문법(UG)을 가장 단순한 형태(simplest form)로 축소하는 일에 매진해왔다 해도 과언은 아니다. 물론 초기에는 기술적 타당성(descriptive adequacy)을 성취하기 위해 풍부한 보편문법(rich UG)을 가정하기도 하였으나, 그 주된 흐름은 여전히 보편문법이 제공하는 생성과정(generative procedure: GP)의 기계적 체계를 단순화하는 것이었다. 그 대표적인 사례가 초기 생성문법이론에서 제안되었던 소위 '구구조문법(phrase structure grammar: PSG)'이 핵계층이론(X′-theory)으로 대체되고, 다시 핵계층이론이 필수구구조이론(Bare Phrase Structure: BPS)으로 바뀌었으며, 최근 Chomsky(2008, 2013, 2015)에서는 강력최소주의적 정신(SMT spirit)에 따라 이 필수구구조이론 마저도 무표찰제(no labeling)의 자유병합(free Merge) 이론으로 대체함으로써 문법의 생성체계를 극도로 단순화하고 있다. 이러한 단순화의 과정은 이론내적(theory-internal)으로는 언어의 성장과 언어의 발생에 관계하는 위 (7iii)과 (9iii)의 요인에 의해 요구되는 경제성조건인 소위 '최소의 연산(minimal computation: MC)' 혹은 '불변경조건(no tampering condition: NTC)'의 실천에 그 바탕을 두고 있다. 이 이외에도 생성문법적 과업에서 문법체계의 단순화를 지향하는 이론외적(theory-external)인 몇 가지 동기가 있는데 이는 다음과 같다.

첫째, '가정이 단순할수록 더 깊은 설명력이 생긴다(the simpler assumptions, the deeper explanatory force)'라는 합리적인 자연과학적 연구의 방향이다. 언어라는 실존적 대상의 실체를 규명하기 위해서는 경험적 차원에서도 문법체계의 기술석 일반성(descriptive generalization)을 끊임없이 더 높여가야 한다는 것이다.

둘째, 언어기능의 발생에 대한 진화론적 관점에서 그 궁극적인 동기를 찾아볼 수 있다. 만약 인간의 언어기능이 인간의 진화과정에서 발생했다면, 장구한 인간의 진화과정에서 기껏해야 언어는 약 50,000-100,000년 전에 아프리카에 거주했던 인간의 한 조상으로부터 생겨났고, 그 이후 오늘날까지의 짧은 시간 동안 의미 있는 변화는 일어나지 않았다는 강력한 증거들이 있다.34) 따라서, 보편문법의 체계가 단순해질수록 언어기능의 진화에 대한 실체적 진실이 언젠가 규명될 것이라는 더 큰 희망을 갖는다.

셋째, 어린이의 언어습득(language acquisition)은 매우 부족한 경험적 자료(evidence)에도 불구하고 매우 짧은 시간에 이루어진다는 것이다. 보편문법의 체계가 풍부하고 복잡하다면 거기에 비례해서 언어습득을 위한 경험도 시간도 충분해야 할 것이다. 생후 2-3세가 되면 어린이는 충분한 경험을 통하지 않고도 개별언어(I-language)의 완전한 문법체계를 습득하게 되는데, 이는 개별언어(I-languages)가 도출되는 원천인 보편문법(UG)이 매우 단순한 체계를 유지하고 있음을 말해준다.

강력최소주의이론(SMT)에서는 인간의 진화과정에서 발생한 언어기능(UG)의 핵심적 요소는 '병합(Merge)'이라고 본다. 병합은 두 개의 통사대상(SO)을 결합하여 하나의 더 큰 단위의 통사대상을 만들

---

34) 이러한 증거들 중에 하나가 한국에서 태어난 한국인의 어린이가 영국에서 자라면 영국인 어린이와 마찬가지로 영어를 모국어로 습득할 수 있고, 그 반대도 마찬가지이라는 것이다. 이는 언어습득의 본유적 체계인 언어능력이 여전히 진화적 변이를 일으키지 않고 모든 인간에게 획일적으로 존재한다는 의미이다. 이와 같이 인간의 언어능력이 장구한 인간의 진화과정에서 볼 때 아주 최근(5만-10만 년 전)에, 그것도 수백 년의 빠른 시간에, 돌연적이며 창발적(recently, rapidly, suddenly, emergently)으로 발현했다는 인류학적 증거들이 바로 인간의 언어기능의 핵심을 이루는 연산체계가 매우 간단한 체계로 이루어졌음을 말해준다. (참조, Chomsky(2014)(citation: Bolhuis et al.(2014)).

어내는 매우 단순한 연산(computation)이다. 강최소주의이론에 의하면 개념의도체계의 요구를 충족하기 위해서는 병합은 다양한 의미의 통사구조를 만들어 내어야 하는데, 이를 위해 병합은 외부병합(external Merge: EM)과 내부병합(internal Merge: IM)의 두 장치로 이루어져야 한다고 본다. 즉, 이들 두 유형의 병합은 의미의 다양성(semantic multiplicity)에 부합되는 장치들로, 외부병합은 계층적 구조형상(cartographic hierarchies)을 구축함으로써 의미역을 할당을 위한 논항구조(argument structure)를 생성하며, 내부병합은 전위(displacement)를 유발함으로써 작용역 효과(scopal effects)와 함께 구정보(old information), 특정성(specificity) 등과 같은 담화관련 특성(discourse-related properties)을 만들어 낸다고 본다.

이로써 생성문법적 과업의 핵심적 연구과제였던 (합성성(compositionality), 어순(order), 투사(projection)(즉, 표찰화(labeling)), 전위(displacement)(즉, 이동(movement)) 중에서 합성성과 전위의 현상은 이제 병합에 의해서 포착될 수 있다. 한편 어순에 의해 위 (10)의 제안으로 운동감각체계의 외현화(SM externalization)에 의해 도출된다고 본다면, 이제 남은 과제는 투사(즉, 표찰화)의 문제이다. Chomsky(2008) 이전에는 필수구구조이론(Bare Phrase Structure)과 내포조건(inclusiveness condition) 하에서 통사대상(SO)의 투사도 병합의 결과로 도출된다고 가정하였다. 그러나 통사대상의 투사가 병합의 작용으로 결정된다면, 이는 바로 위 (7iii)과 (9iii)에 기인하는 소위 불변경조건(NTC)이란 최소의 연산(minimal computation: MC)의 원리를 위반할 뿐만 아니라, 병합 자체가 지나치게 강력(too powerful)한 연산으로 규정됨으로써 인간의 진화과정에서 생겨난 단순한 개념의 보편문법적 장치로 인정받기에는 부적합하다. 따라서 최근 Chomsky(2008, 2013, 2015)에서는 투사를 병합에서 분리하여 소위 최소탐색(minimal search)의 한 작용인 '표찰화(labeling)'의 결과로 처리함으로써 병합의 개념을 무표찰제의 자유병합인 '최단순 병합(simplest Merge)'으로 단순화하고 있다.

본장의 이하에서는 최근 Chomsky(2008, 2013, 2015)에서 제안하고 있는 일련의 표찰화 이론(Labeling Theories)들을 순서대로 소개하고자 한다.

2. Chomsky(2008)의 표찰화 이론

사실상, 병합의 개념을 단순화하는 작업은 이미 Chomsky(2008)의 표찰화 연산공식(labeling algorithm: LA)이 최초로 제안되기 이전에 Chomsky(1999, 2004)의 소위 '자유병합이론(free Merge theory)'에서 시작되었다. Chomsky(2008, 2013, 2015)의 표찰화

이론(labeling theory)의 등장은 이러한 자유병합이론에 기인하는 필연적인 결과로 평가된다. 따라서, 표찰화 이론을 제대로 파악하고 이해하기 위해서는 먼저 그 배경이 되었던 자유병합이론의 실체를 파악하는 일이 중요하다.

Chomsky(1999, 2004)에 의하면, 협소통사부(NS)의 연산(C_{HL}) 중에 가장 자유로운 연산이 병합(Merge)이다. 병합은 이미 축조되어 있는 두 통사단위를 취하여, 그 두 요소로 구성되는 하나의 새로운 통사단위를 만드는 역할을 한다. 즉, α와 β 두 통사단위를 취하여 {α, β}의 통사단위를 생성한다. 병합이 만들어 내는 관계는 소속관계(membership)인 ∈관계이고, 병합의 반복성을 고려하면 관할(dominate)(즉, 포함(contain)과 구성요소(term-of)) 관계를 만들어 낸다. 이러한 관계에서 파생되는 성분통어(c-command) 관계(즉, 포함의 자매관계(sister of contain))는 개념의도접합부의 해석(CI interpretation)에 활용된다. 새로운 통사단위인 {α, β}의 투사(projection)는 내포성조건(inclusiveness condition)에 의해[35] α

---

35) 내포성조건(Inclusiveness Condition)은 Chomsky(1994, 1995)에서 제안된 경제성 조건으로 필수구구조(Bare Phrase Structure) 개념과 함께 문장의 구구조 생성의 문법의 운용을 최소화하기 제안된 것으로, 배번집합(numeration: N)으로부터 연산체계(computational system: C_{HL})에 도입되는 어휘항목과 그것의 자질 이외에 어떠한 요소도 연산과정에서 첨가될 수 없다는 것이다. 이 조건은 다음과 같이 정의된다.

(i) 출력은 어휘부에서 생성되는 어휘항목의 특성(어휘자질)으로써만 구성된다. 즉, 접속 층위는 어휘자질들의 배치로써만 이루어진다. (Outputs consist of nothing beyond properties of items of the lexicon (lexical features): i.e., the

와 β 중에 하나를 자신을 확인하는 표찰(label)로 삼는다. 표찰은 일반원리에 의해 그 단위의 핵(head: H)이 되지만, Chomsky(2004)에서는 Collins(1999, 2002)의 주장에서처럼 아애 표찰 자체를 설정하지 않는 표찰자유체계(label-free system)가 더 바람직하다고 본다. 왜냐하면, 한 통사단위의 핵은 선택(selection)의 관계에 의해서 결정되지만, 병합은 선택에 의해서가 아니라 탐색에 의해 결정되기 때문이다. 즉, α를 β에 병합한다는 것은 α를 도입할 위치를 결정하기 위해서 β에 대한 최소탐색(minimal search)이 선행된다. 이때 α가 탐침자(Probe)가 되고, β는 목표물(Goal)이 된다. 최소탐색을 통해 탐침자와 목표물 간에 대조(Match)와 일치(Agree)가 이루어지면 병합이 이루어진다는 것이다. 따라서 협소통사부에서 작용하는 통사적 관계에는 핵과의 선택관계에 의해 얻어지는 일체의 관계는 존재하지 않는다고 본다. 즉, 핵이 지정어(SPEC)를 선택하는 관계(head-to-SPEC relation)인 소위 최대투사통어(m-command)의 관계는 더 이상 허용되지 않는다. 또한 지정어가 자체가 핵범주가 아니라면, 지정어에서 핵으로 나아가는 관계(SPEC-to-head)인 성분통어(c-command)의 관계도 허용되지 않는다. 병합은 탐색을 통한 대조와 일치에 의해 이루어진다면, 일종의 국부성조건(locality condition)인 최소탐색에 의해 탐침자는 가장 가까이(closest) 있는

interface levels consist of nothing more than arrangements of lexical features.)

목표물을 탐색해야 하므로, 병합은 언제나 확장조건(extension condition)을 충족한다.36)

　요컨대, Chomsky(2004)에 의하면, 병합은 탐침자와 목표물 사이에 최소탐색을 통한 대조와 일치에 의해 이루어지고, 또한 탐침자와 목표물은 특정한 자질을 갖는 핵이므로, 협소통사부에서 작용하는 통사적 관계는 오로지 핵-핵 관계(head-head relation)만 허용된다. 예컨대, T의 EPP-자질(즉, OCC-자질)을 충족하기 위한 병합에는 전위(displacement)를 야기하는 내부병합(IM)과 허사(expletive) *there*를 삽입하는 외부병합(EM)이 있는데, 이러한 병합은 모두 T의 EPP-자질을 충족하기 위해 지정어를 병합하는 것이므로 지정어-핵관계(SPEC-to-head)로 볼 수 있다. 그러나 이동에 의한 내부병합은 탐침자 T의 탐색에 의한 N 혹은 D와의 일치를 통해 이루어지는 병합이므로 근원적으로 핵-핵관계에 의해 도출되는 병합으로 볼 수 있다. 또한 허사삽입의 경우도 Chomsky(2004)에서는 허사 *there*가 그 자체로 핵범주이고 또한 일치에 의해 삭제되어야 할 비해석성 자질 [uF](즉, 비해식싱의 인칭-파이자질)을 깃기 때문에

---

36) 확장조건(Extension Condition)은 다음과 같이 정의된다.
　(i) 어떤 요소도 투사되지 않는 (비투사적) 범주에 부착될 수 없다. (Nothing can join to a non-projecting category.)
　Chomsky(1995: 234)에서는 확장조건의 효과에 의해 다음과 같은 결과가 초래된다고 주장한다.
　(ii) 만약 α가 핵이 되지 않는 범주 속에 α가 나타나면, 그 도출(D)은 취소된다. (D is canceled if α is in a category not headed by α.)

there 자신이 탐침자가 되어 최소탐색(minimal search)을 통해 T와 일치를 이루고 확장조건에 의해 T의 지정어 위치에 병합된다고 봄으로써 결과적으로 핵-핵관계로 해석할 수 있다. 이러한 병합으로 이루어지는 통사대상의 투사는 더 이상 T의 투사가 아니라 *there*의 투사로 보아야 한다. 그러나 이러한 도출의 문제점은 T의 EPP-자질이 어떻게 충족되는가 하는 점이다. 즉, EPP-자질은 T의 지정어 위치에 명사적 표현이 병합되는 경우에만 충족되므로 이 경우의 *there*의 위치는 T의 지정어 위치가 아니기 때문에 T의 EPP-자질을 충족할 수 없다. 이러한 문제점을 효과적으로 해결할 수 있는 이론이 바로 Collins(1999, 2002)의 표찰자유체제(label-free system)이다. 이 이론에 의하면, 위와 같은 *there*의 병합은 다음과 같은 무표찰(no label)의 통사대상을 도출한다.

(13) a.　　　　　　　　　b. {there, {T, vP}}

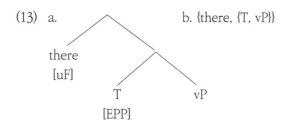

이와 같은 표찰자유체제에서는 *there*가 T의 지정어 위치에 타나나는 것으로 해석될 수 있을 뿐만 아니라 *there* 또한 탐색을 통해 T의 투사를 보충어로 취하는 이중의 구조로 해석된다. 이러한 이중적인

해석이 가능한 것이 표찰자유체제의 장점이다.

자유병합(free Merge)은 바로 이러한 표찰자유체제의 산물이다. 즉, 자유병합은 병합에 아무런 약정제약(stipulated restrictions)도 가해지지 않으며, 또한 투사도 없으며, 내포성조건의 위반도 없는 소위 말 그대로 "필수구구조(bare phrase structure)"를 유지하는 병합을 말한다. 또한 이러한 자유병합이론은 지정어를 제한 없이 허용하는 소위 자유복합지정어(free multiple SPEC) 이론과 모든 유형의 병합이 순환적으로 이루어진다는 순환병합(cyclic Merge) 이론을 낳는다. 즉, 핵계층이론(X′-Theory)이나 선택조건(selectional condition)에 의한 병합은 지정어의 수에 한계가 주어졌으나, 자유병합이론 하에서는 핵에 맨 먼저 병합하는 요소가 보충어(complement)가 되며, 그 이후로 병합하는 요소들은 모두 지정어로 해석된다. 따라서 위의 (101)의 구조에서 T에 맨 먼저 병합되는 vP는 T의 보충어가 되고 두 번째 병합하는 *there*는 T의 지정어로 해석된다. 또한 *there*도 역시 핵이므로 *there*와 맨 먼저 병합하는 {T, vP}는 *there*의 보충어가 된다. 예컨대, 자유병합이론 하에서 핵 H에 K와 L과 M이 차례로 병합되면 {M, {L, {H, K}}}의 통사대상을 만드는데, 이 때 K는 보충어가 되고, L은 지정어, M은 외곽지정어(outer SPEC)로 해석된다.[37] 따라서, Chomsky(2004)에서는

---

37) 그러나 병합이 자유병합이 아니라 핵 H의 의미선택에 의해 이루어진다면, {M, {H″, {L, {H′, {H, K}}}}}와 같은 통사대상이 도출된다. 이 경우 H′와 H″는 표찰이 되고, H에 의해 선택되는 K는 보충어가 되고, H′에 의해 선택되는 L과 H″에 의해 선택되는 M은 각각 H′와 H″의 지정어가 된다. 이러한 병합을 위한 핵의 의미선택이 과연 협소통사부에서 적용

모든 종류의 병합은 자유롭게 적용되며, 이러한 자유병합이론(free Merge theory)은 바로 위 (9ii)의 요인인 개념의도접합부 (CI-interface)의 의미적 다양성(semantic multiplicity)을 충족한다는 차원에서 강력최소주의적 정신(SMT spirit)에 부합한다고 본다. Chomsky(2004)의 자유병합이론 하에서 병합과 의미적 다양성의 관계는 다음과 같다.

(14)

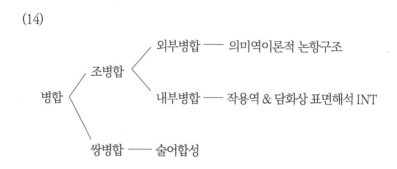

위의 도표에 의하면, 자유병합이론 하에서 병합(Merge)은 먼저 조병합(set Merge)과 쌍병합(pair Merge)으로 분류되는데, 조병합은 대체(substitution)의 경우로 α가 β에 병합될 때 {α, β}로 나타내고, 쌍병합은 부착(adjunction)의 경우로 α가 β에 병합될 때 〈α, β〉로

되는 자질상의 일치관계라면 협소통사부에서 이러한 관계가 충족되지 못하면 그 도출은 파산(crash)되어 비문법적인 도출이 되어야 하나, Chomsky(2004)에 의하면, 의미선택의 위반은 사실상 비문법적인 도출이 아니라 해석상 비정상적인 표현(deviance)인 횡설수설(gibberish)을 파생하므로 핵의 의미선택을 협소통사부의 작용으로 볼 수 없다는 것이다.

나타낸다. 두 개의 통사대상을 결합하여 하나의 더 큰 단위의 새로운 통사대상을 만들어내는 조병합이 있음에도 불구하고 쌍병합이 존재한다는 것은 (9i)의 설명될 수 없는 요소(unexplained elements)로서 언어의 비완벽성(imperfection)이 아닌가 생각할 수 있다. 그러나, 이러한 쌍병합이 술어합성(predication composition)이라는 의미적 기여를 하고 있고, 이러한 의미적 기여가 의미적 다양성에 대한 개념의도접합부(CI interface)의 요구에 기인하는 것이라면, 쌍병합 역시 (9ii)의 접합부조건(IC)에 의해 설명될 수 있는 작용으로 언어의 완벽성(perfection)에 속한다.

또한 조병합에는 독립적인 두 통사대상을 대등하게 결합하여 하나의 더 큰 단위의 통사대상을 만들어 내는 외부병합(external Merge: EM)과 한 통사대상 속에 내포되는 요소를 그 통사대상의 외곽(edge)에 다시 결합하는 내부병합(internal Merge: IM)이 있다. 내부병합(IM)을 일반적으로는 이동(movement)이라 부르는 전위(displacement)를 유발한다. 전위는 기호학이나 컴퓨터언어 등과 같은 인공언어(artificial language)에는 존재하지 않을 뿐만 아니라, 또한 이동현상을 설명하기 위해 비해석성 자질(uninterpretable features)까지도 자연언어(natural language)에서 허용해야 하는 부담을 안게 된다. 이러한 차원에서 내부병합도 역시 외견상 (9i)에 기인하는 언어의 비완벽성으로 볼 수 있다. 그러나 이러한 내부병합도 장거리의존관계(long-distance dependency)와 작용역(scope), 그리고 초점

(focus), 특정성(specificity), 한정성(definiteness) 등의 담화상 표면해석(discourse-related surface interpretation: INT)에 기여한다면, 이 역시 의미적 다양성에 대한 개념의도체계의 요구에 부응하는 것이므로 (9ii)에 의해 설명되는 언어의 완벽성에 해당된다. 한편, 외부병합(EM)은 자유병합이론 하에서는 핵(head)의 의미선택(s-selection)과 상관없이 진행될 뿐만 아니라 병합의 회수나 투사의 결정 등에 아무런 제약도 가해지지 않는다. 따라서, 외부병합은 자유복합지정어(free multiple SPEC)를 허용한다. 그럼에도 불구하고, 외부병합은 의미역이론적 논항구조(θ-theoretic argument structure)를 형성함으로써 이 역시 의미적 다양성에 대한 개념의도접합부의 요구에 부응하고 있다. 의미역이론적 논항구조의 형성은 철저히 핵의 의미선택적 특성(s-selectional properties)의 반영이어야 함에도 불구하고 외부병합이 핵의 의미선택적 요구와 상관없이 (자유병합이론에 따라) 자유롭게 진행된다는 것은 이 역시 외견상 (9i)에 해당되는 언어의 비완벽성이 아닌가 여겨진다. 그러나 이러한 외부병합도 의미역이론적 논항구조의 형성이 개념의도체계의 의미적 다양성 요구에 부응하는 것이라면 (9ii)에 의해 설명되는 언어의 완벽성에 해당된다. 따라서 자유병합이론 하에서는 의미역이론적 논항구조의 현상을 핵의 의미선택특성으로 포착하지 않고, 개념의도접합부의 의미역조건(θ-theoretic conditions)에 의해 포착한다. 이와 같이 자유병합이론에 의해 도출된 외형구조(configurational structure)에

개념의도접합부의 의미역조건을 적용하여 핵의 의미선택 관계를 포착하는 의미역이론(θ-theory)을 순수외형적 의미역이론(pure configurational θ-theory)라고 한다. 의미역조건을 위반하는 의미표상은 수렴(convergence)이 차단되는 것이 아니라 해석상 비정상적인 표현(deviance)인 횡설수설(gibberish)을 파생한다. 결론적으로 말해, Chomsky(2004)의 자유병합이론은 위 (9ii)의 요인인 개념의도접합부의 요구를 잘 반영하고 있다는 차원에서 언어의 최소성과 완벽성을 추구하는 강력최소주의적 정신(SMT spirit)에 부합한다.

표찰(label)이란 사실상 통사대상(SO)의 속성(character)을 나타내는 통사대상의 이름인데, 표찰자유체계를 지향하는 자유병합이론 하에서 병합에 의해 도출되는 통사대상들이 표찰을 필요로 하는 이유는 무엇이며, 또 그 통사대상들의 표찰은 어떻게 결정되는 것인가?

첫째 질문에 대해선 Chomsky(2008)에서는 병합에 의해 도출된 통사대상이 계속되는 협소통사부의 연산에 참여하기 위해서는 그 통사대상의 속성을 나타내는 표찰이 필요하다고 대답하고,38) 또한, 두

---

38) Chomsky(2008)와 달리, Chomsky(2013)/Chomsky(2015)에서는 통사대상이 접합부(interfaces)에서 적절한 해석을 받기 위해서 그것의 표찰를 필요로 한다고 대답한다. 사실상 이 두 대답은 표찰화의 적용 시점에 있어 차이를 나타낸다. 즉, 전자에서는 표찰화가 국면단위의 연산이 적용되기 이전에 적용되어야 하고, 후자의 경우에서는 국면단위의 연산이 모두 적용되고 난 후 그 도출이 접합부로 양도(transfer)되기 전에 적용된다고 본다. 이러한 표찰화의 적용 시점의 차이는 역순환성(counter-cyclicity)의 문제와 관련하여 국면의 도출 단계에 중대한 차이를 야기하는데, 그 결과는 차후 Chomsky(2015)의 표찰화 이론에 대한 논의에서 확인될 것이다.

번째 질문에 대해선 모두 병합의 연산과는 독립적인 표찰화 연산공식 (labeling algorithm: LA)에 의해서 통사대상들의 표찰이 결정된다고 주장한다.

Chomsky(2008)에서는 다음 (15)와 같은 표찰화 연산공식(LA)을 설정하고 있다.

(15) (i) 통사대상 {H, α}에서 H가 어휘항목이라면, H가 표찰이 된다. (In {H, α}, H an LI, H is the label.)

(ii) 만약 α가 β에 내부적으로 병합되어 {α, β}의 통사대상을 형성하면, β의 표찰이 {α, β}의 표찰이 된다. (If α is internally merged to β, forming {α, β} then the label of β is the label of {α, β}.)

(15i)에서는 연산공식의 결과로 α가 H의 보충어(complement)가 되며, (15ii)에서는 α가 β의 지정어(Spec)가 됨을 의미한다.[39] 위

---

39) 이러한 표찰화 연산공식의 결과를 도식으로 살펴보면 다음과 같다.

(i) (15i)의 결과: a. {H, α} $\Rightarrow$ {H, {H, α}}

b.

(ii) (15ii)의 결과: a. {α, {β, {β, XP}}} $\Rightarrow$ {β, {α, {β, {β, XP}}}}

b.

의 표찰화 연산공식은 모든 경우의 통사대상에 대해 표찰을 결정하지만, 경우에 따라서는 두 공식이 상충되기도 한다. 예컨대, 모든 도출의 첫 단계에서는 항상 두 어휘항목이 병합되는데, 이 경우 (15i)에 의하면 두 항목 중에 어느 것이라도 그 통사대상의 표찰이 될 수 있다. 또한, 내부병합의 경우에 있어서도, 만약 이동을 통해 비어휘범주 β에 내부병합되는 요소가 어휘범주 α라면, 이 경우에도 (15i)에 의하면 α가 표찰이 되어야 하며, (15ii)에 의하면 β가 표찰이 되어야 한다. 두 번째 경우의 예를 살펴보면 다음과 같다.

(16) what [C [you wrote *t*]]

위의 예문은 *what*이 CP에 내부병합을 이룬 경우인데, 이 경우 (15ii)에 의하면 C가 표찰로 투사되므로 (16)은 의문문으로서 *wonder*와 같은 동사의 보충어로 사용될 수 있다. 그러나 내부병합된 *what*이 어휘범주이므로 (15i)에 의해 *what*이 표찰이 될 수도 있는데, 이 경우는 (16)이 자유관계절(free relative)로서 *what*을 핵으로 갖는 DP가 되므로 *read*와 같은 동사의 목적어로 사용된다.[40]

---

40) 그 결과는 다음 (i)와 같다.

    (i) a. I wonder [C *what you wrote*].

       b. I read [D *what you wrote*].

3. Chomsky(2013)의 표찰화 이론

이제, Chomsky(2013)에서 제안하고 있는 표찰화 이론(이하, POP)을 소개하고자 한다.[41] POP에서는 새로운 표찰화 이론을 제안하기 위해서 먼저 초기 생성문법적 과업에서 제안했던 소위 구구조문법(PSG)의 해체작업을 시도하고, 이를 바탕으로 지정어(SPEC)와 내심성(endocentricity)의 개념을 배제한 '최단순 병합(simplest Merge)'의 개념을 도입한다. 먼저, 아래 (17)의 구구조규칙(PSR)으로 대표되는 구구조문법은 (17)의 규칙으로 (18)과 같은 통사대상(SO)을 만들어낸다.

(17) S → NP VP

(18)

즉, (17)과 같은 규칙에 의해 도출되는 (18)과 같은 통사대상에는, 먼저 구성소(NP와 VP) 간의 어순(order)뿐만 아니라 인접관계(contiguous relation)(즉, 구성성(compositionality))가 결정되

---

41) Chomsky(2015)에서는 Chomsky(2013)의 표찰화 이론을 'POP'라 일컫는다. 'POP'은 이 이론을 제안한 자신(Chomsky(2013))의 논문제목이 'Problems of Projection'이라 그 첫 글자들을 따서 만든 두자어(acronym)이다.

어 있고, 또 두 구성소의 결합(NP+VP)이 새로운 범주인 S를 만들어 냄으로써 통사대상의 투사(projection)까지도 결정되어 있다. 요컨대, 구구조문법은 어순과 구성성은 물론 통사대상의 투사까지도 생성한다. 이렇게 강력한 표현력(expressive power)을 지닌 규칙은 단순성(simplicity)을 지향하는 보편문법의 규칙이 될 수 없으므로, 당연히 구구조문법은 보편문법에 체계에서 배제되어야 하고, 그것이 동시에 생성하던 언어특성들(어순, 구성성, 투사)은 보편문법의 체계 내에서 다른 원리로 포착되어야 한다. 이러한 시도는 원리매개변인 이론(P&P theory)의 중요한 언어원리 중에 하나였던 소위 핵계층이론(X′-theory)에서 시작되었다. 핵계층이론에 의하며, 위 (18)의 통사대상은 다음과 같은 구조로 표현된다.

(19) [CP C [TP NP [T′ T VP]]]

핵계층이론에서는 구성소 간의 어순은 핵선행(head-initial)/핵후행(head-final)의 핵매개변인(head parameter)이나 혹은 Kayne(1994)에서 제안하고 있는 선형대응공리(LCA)와 같은 다른 원리에 의해 포착된다고 봄으로써, 사실상 (19)의 계층구조에서는 구성소들 간의 어순은 무시된다. 핵계층이론은 구구조문법에 내포되어 있는 많은 특수약정(stipulations)들을 제거하고 (17)과 같은 구구조 규칙을 배제함으로써 외심적 구조(exocentric structure)의 생성을 차단하고 범주 간의 계층적 일반성을 포착하고는 있지만,[42] 여전히 (18)의 구조에서 표현되던 구성소 간의 인접관계(구성성)와 구성소 간의 결합으로 발생하는 투사의 개념은 여전히 유지하고 있을 뿐만 아니라, 오히려 (19)의 구조표현에서와 같이 구구조문법에서는 나타나지 않던 지정어(Spec)의 개념과, 내심성(endocentricity)이라는 새로운 투사의 개념까지도 도입되고 있다. 앞선 (7iii)과 (9iii)의 요인에 따라 '최소의 연산(Minimal Computation: MC)'을 지향하는 강력최소주의적 관점(SMT perspective)에서 볼 때, 핵계층이론은 구구조문법보다 오히려 보편문법의 체계에서 더 멀어지는 퇴행적인 결과를 낳는다.

바로 이러한 관점에서 POP에서는, 어순의 개념은 앞선 (3)/(10)의 정의에서처럼 감각운동접합부의 외현화(SM externalization)에 기인하는 결과로 돌리고, 또한 투사의 개념까지도 독립적인 다른 연산의 결과임을 주장함으로써, 두 통사대상을 결합하여 더 큰 단위의 통사대상을 만들어내는 '병합'에서 내심성과 지정어의 개념을 완전히 배제하여 다음과 같은 '최단순 병합(simplest Merge)'이라는 새로운 병합의 개념을 제안한다.[43]

---

42) 핵계층이론은 다음과 같은 내심성제약(Endocentricity Constraint)을 내포함으로써 위 (17)과 같은 구구조규칙을 배제하고, (18)과 같은 외심구조(exocentric construction)의 생성을 원천적으로 차단한다.
(i) 모든 구성소구조규칙은 다음과 같은 형태를 취해야 한다. (Radford 1988)
$X^n \rightarrow \cdots X^m \cdots$ (m=n or n-1)

(20) 병합은 최단순 형태로 적용된다. (Merge applies in the simplest form.)

(20)에 의하면, (19)의 통사대상은 다음과 같이 표현된다.

(21) [C [NP TP]]

다만, 이제 (21)과 같은 통사대상이 접합부에서 해석을 받기 위해서는 그 통사대상의 속성을 나타내는 투사의 정보(즉, 표찰)가 제공되어야 하는데, 바로 이러한 정보를 제공하는 연산이 표찰화 연산공식(labeling algorithm: LA)이다. 표찰화 연산공식은 다른 연산들과 마찬가지로 국면단위로 적용되며, 일치(Agree) 등의 연산과 같이 최소탐색(minimal search)의 한 부류이다.

POP에서는 먼저 최단순 병합의 결과로 생성되는 통사대상에는 다음과 같은 세 가지 종류가 존재한다고 본다.

---

43) 사실상, 통사구조 속에 나타나는 두 통사대상의 관계는 외부병합(EM)에 의해 도출되는 인접관계(contiguous relation)와, 장거리일치(long distance agreement)와 전위(displacement)에서 나타나는 비인접관계(discontiguous relation)뿐이다. 파이자질(φ-features)상의 장거리일치는 최소탐색(minimal search)에 의한 일치(Agree)의 연산에 의해서, 이동을 야기하는 전위 역시 내부병합의 연산에 의해서 도출되는데, 강력최소주의이론에서는 병합도 역시 최소탐색의 결과로 규정함으로써 모든 통사대상의 관계는 오로지 위 (7iii)과 (9iii)에 기인하는 소위 최소의 연산(minimal computation: MC)의 조건에 의해 포착된다.

(22) (i) SO={H, XP}

　　 (ii) SO={XP, YP}

　　 (iii) SO={X, Y}

(22i)는 핵(H)과 최대투사(XP)가 병합하는 경우이고, (22ii)는 두 개의 최대투사 XP와 YP가 병합한 경우이고, 마지막 (22iii)은 두 개의 핵이 병합하는 경우이다.

이들 통사대상은 양도(Transfer) 이후 접합부에서 적절한 해석을 받기 위해서 그 속성을 나타내는 표찰을 부여받아야 하는데, (22i)의 경우는 비교적 간단한 다음 (23)의 표찰화 연산공식(LA)에 의해 그 표찰이 결정된다고 본다.

(23) H가 핵이고 XP가 핵이 아닌 통사대상 SO={H, XP}가 주어지면, 표찰화 연산공식은 H를 표찰로 선택한다. (Suppose SO={H, XP}, H a head and XP not a head. Then LA will select H as the label.)

위 (23)의 적용으로 다음과 같은 도출이 생성된다.

(24) [H H XP]

만약 '핵(head)'이 표찰화(labeling)를 위한 핵심(atom)이고 표찰화가 최소탐색의 결과라면, (23)의 연산공식은 (22i)의 통사대상에서 최소탐색에 의해 핵을 탐색하는 과정이므로, 이 과정에서 H가 XP 속에 내포되어 있는 또 다른 핵인 X보다 더 가까운 거리에 있으므로 H가 선택되어 통사대상 (22i)의 표찰이 된다. 따라서, (24)의 도출은 최소의 연산(Minimal Computation: MC)에 의해 도출되는 자연언어의 당연한 현상이다.

표찰화가 이와 같이 최소탐색에 의해 핵을 탐색하여, 그 핵을 해당 통사대상의 표찰로 삼는 문법체계의 한 연산이라면, (22ii)와 (22iii)의 경우는 최소탐색의 과정에 중의성(ambiguity)을 낳는 결과를 초래한다. 두 개의 핵 X와 Y가 최소탐색상 동일한 거리에 있기 때문이다. 최소탐색에서 중의성이 야기되면, 결과적으로 표찰을 결정할 수 없고, 표찰이 결정되지 못하는 통사대상은 접합부의 해석을 받을 수 없으므로 파산(crash)된다.

POP에 의하면, 이러한 파산을 피하기 위해서 (22ii)의 경우는 두 가지의 책략이 강구되는데, 그 첫 번째 책략이 Moro(2000)에서 제안하는 소위 '역동적 반대칭(dynamic antisymmetry)'의 효과에 의해 XP나 YP 중에 하나를 인상(raising)하는 경우이다. 이러한 인상에 의해 (22ii)의 통사대상에는 XP나 YP 중에 하나만 남게 됨으로써 표찰화의 최소탐색은 남아 있는 남아 있는 범주의 핵을 탐색하여 그것의 표찰로 삼는다.[44]

---

44) 이 경우 통사대상에는 여히 상위의 위치로 인상된 범주의 복사(copy)가 남는데, POP에서는 다음과 같은 정의에 의해 복사는 표찰화에 비가시적이라고 가정한다.

즉, 표찰화를 위한 '역동적 반대칭'은 모든 대칭적 구조(symmetric structures)에 적용되는데, 그 대표적인 사례가 각기 다음과 같은 구조로 표현되는 '소절(small clause)'과 '구조적 접속(structured coordination)'[45])의 경우이다.

(25) (i) [V [$_\alpha$ XP YP]]

ex) [is [lightning, the cause of the fire]]

(ii) [Conj [$_\alpha$ XP YP]]

ex) [and [tall, happy]]

즉, 위의 구조표현에서 α는 대칭적 구조를 갖는 통사대상이므로 표찰이 결정되기 위해서는 XP와 YP 중에 하나가 이동(인상)함으로써 비대칭적 구조로 바뀌어야 한다. 그 결과 각기 다음과 같은 구조가 도출된다. (이하, t_i는 이동한 요소 XP$_i$ 의 복사를 의미함.)

(i) α의 모든 출현이 D의 항이라면, α는 D의 영역에 존재한다. (α is in the domain of D if and only if every occurrence of α is a term of D.)

45) 접속(coordination)에는 구조적 접속 이외에도 아래 예시에서와 같은 비구조적 접속 (unstructured coordination)이 있다.

(i) John is tall, happy, hungry, bored with TV, etc.

POP에서는 비구조적 접속은 구조적 접속과 달리 대칭적 구조를 만드는 조병합 (set-Merge)이 아니라, 접속요소들이 각기 개별적으로 주어에 대해 술어화되는 쌍병합 (pair-Merge)의 구조를 이룬다고 본다.

(26) (i) [$_\beta$ XP··· [V [$_\gamma$ XP YP]]]

　　ex) [$_\beta$ lightning$_i$ [is [$_N$ t_i the cause of the fire]]]

　(ii) [$_\beta$ XP [Conj [$_\gamma$ XP YP]]]

　　ex) [$_\beta$ tall$_i$ [and [$_A$ t_i happy]]

즉, (26)의 구조에서는 α가 표찰화의 최소탐색에 가시적인 YP의 핵인 Y를 자신의 표찰로 갖는다.[46]

위 (25)에서와 같은 소절과 구조적 접속 이외에도 문장의 도출과 정에 대칭적 구조를 이루는 경우가 발생할 수 있는데, 그 경우가 바로 내부병합(internal Merge: IM)에 기인하는 '연속적 순환이동(successive-cyclic movement)'의 경우이다. 연속적 순환이동의 한 경우가 다음과 같은 구조를 갖는 주어인상구문(subject-raising construction)이다.

(27) [V [$_\alpha$ NP TP]]

(27)에서 NP는 동사구(vP)의 외재논항(EA)(타동사구문의 경우)이나 혹은 내재논항(IA)(비대격구문의 경우)의 위치에서 내부병합(IM)에 의해 이동해온 종속절의 주어이다. (27)의 경우에도 α가 표찰을 갖기 위해서는 주어 NP가 원래의 위치에 자신의 복사(copy)를 남

---

46) (26)의 구조에서 β의 표찰화에 대해서는 아래 관련되는 논의에서 언급하고자 한다.

기고 상위문의 위치로 인상하여야 하는데, 그 결과 다음과 같은 구조가 도출된다.

(28) [NP⋯ [V [$_T$ NP TP]]

    ex) John$_i$ seems [$_T$ t_i [$_{TP}$ to love Mary]]

이렇게 볼 때, 인상구문에서의 NP-이동과 같은 연속적 순환이동은 그 근원적인 동기가 대칭적 구조의 통사대상을 표찰화하기 위해 대칭적 구조를 비대칭적으로 바꾸는 소위 '역동적 반대칭의 원리(dynamic antisymmetry principle)'에 기인함을 알 수 있다.

그러나 다음 (29)와 같은 구조에서는 종속절인 통사대상 α가 위 (27)에서와 마찬가지로 대칭적 구조를 가지고 있음에도 불구하고, '역동적 반대칭의 원리'가 작동하지 않고, 그 결과 주어 NP가 이동되지 않고 제자리(in-situ)에 머묾이 확인된다. 이러한 문제를 Rizzi(2015)는 '정지의 문제(halting problem)'라고 일컫는다.

(29) ⋯[$_C$ C [$_a$ NP TP]]

    ex) It seem [$_C$ that [$_a$ John [$_{TP}$ loves Mary]]]

그러면, (29)의 경우는 α가 어떻게 표찰을 가질 수 있는가? 사실상, POP에 의하면, 양도(transfer)의 연산에 의해서 접합부에 당도

하는 모든 통사대상은 접합부의 해석을 받기 위해서 반드시 표찰을 가져야 한다. 주어-술어구문(subject-predicate construction)인 α도 개념의도접합부(CI-interface)에서 절(S)의 해석을 받아야 하므로 표찰을 가져야 함은 당연하다.

POP에서는 이러한 '정지의 문제'를 해결하기 위해서 아래 (30)의 정의에서와 같이 표찰화의 최소탐색에 목표가 되는 소위 '핵심(atom)'의 개념에 어휘항목(LI)뿐만 아니라 파이자질(φ-features)이나 의문자질(Q-feature)과 같은 '일치자질(Agree-features)'까지도 포함시킨다.

> (30) 표찰화 연산공식은 어휘항목뿐만 아니라 일치자질까지도 탐색한다.
> (LA seeks not only LIs but also Agree-features.)

위 (29)의 구조에서는 α에 내포되는 TP가 국면의 핵인 C에 의해 선택되는 경우이므로, 강력최소주의이론(Chomsky(2008)참조)에서 제안하는 다음 (31)의 '자질계승의 원리(fcature-inheritance principle)'에 의해, TP의 핵인 T는 C의 모든 비해석성 일치자질(uninterpretable agreement features)을 계승받는다.

(31) C와 v*는 국면의 핵이며, 그들의 일치자질은 그들이 선택하는 어휘항목에 의해 계승된다. (C and v* are the phase-heads, and their Agree-feature is inherited by the LI they select.)

위 (31)에 의하면, 위 (29)의 구조에서 TP는 C로부터 계승받은 비해석성 파이자질(uninterpretable φ-features)을 보유하고 있고, 주어 NP 역시 해석성 파이자질(interpretable φ-features)을 보유하고 있으므로 TP와 NP는 일치의 관계를 이룬다. 이러한 경우에 위 (30)의 표찰화 연산공식이 적용되면, 최소탐색은 TP와 NP이 공유하고 있는 파이자질을 탐색하여 α의 표찰로 결정한다. 그 결과 다음과 같은 구조가 도출된다.

(32) ···[$_C$ C [$_\phi$ NP⟨φ⟩ TP⟨φ⟩]]

즉, 위 (30)에 의하면, 파이자질도 표찰화를 위한 최소탐색에 핵심(atom)이므로 대칭적 관계에 있는 두 구성소가 일치의 관계에 있을 경우에는 그 구성소를 포함하는 통사대상의 표찰이 될 수 있으므로, 결과적으로 그 통사대상은 '역동적 반대칭의 원리'에 영향을 받지 않고도 접합부에서 해석을 받게 된다. 이로써 Rizzi(2015)에서 지적했던 '정지의 문제'가 해결된다. 두 구성소 XP와 YP가 자질상 일치를 이루는 통사대상 {XP, YP}에서는 언제나 연속적 순환이동이 정지되는 소위 '정지현상(halting phenomena)'이 발생하는데, 이러한 정지현상이 일어나는 위치를 POP에서는 Rizzi(2010)의 주장을 받아들여 '기준위치(criterial position)'라 하고, 기준위치에서 발생하는 정지현상을 '기준결빙(criterial freezing)'이라고 규정한다. 위 (26i)의 경우, β의 표찰도 이러한 기준위치에서 이루어지는 일치자질에 의한 표찰화에 의해 φ로 결정된다.

이러한 '기준결빙'은 위 (29)에서와 같은 주어-술어구문뿐만 아니라 간접의문사의문문(indirect *wh*-interrogatives)에서도 확인된다.

(33) a. Did they wonder in which city JFC was assassinated?

    b. *In which city did they wonder JFC was assassinated?

위 (33)의 두 예문 간에 나타나는 문법성의 대조는 종속절의 간접의문문인 경우에는 종속절 문두로 이동한 의문사가 더 이상의 연속적 순환이동을 하지 못하고 제자리에 머무는 정지현상을 보여주고 있다. 이러한 의문사의 정지현상도 위 (30)의 표찰화 연산공시을 받아들이면, 기준위치에서 발생하는 기준결빙의 효과임이 확인된다. 위 (33)의 예문은 다음과 같은 구조를 지닌다.

(34) ⋯ wonder [$_a$ [$_{PP\langle Q \rangle}$ in which city] CP$\langle Q \rangle$]]

즉, 위의 구조표현에서 α는 PP와 CP가 대칭적 구조를 지니는 통사대상이다. 그러나 이 경우에도 역동적 반대칭의 원리가 적용되지 않고 의문사 *in which city*가 제자리에 머무는 정지현상이 일어난다. 이러한 정지현상도 의문자질 ⟨Q⟩를 일치자질로 규정한다면, (30)의 표찰화 연산공식의 결과로, α가 일치자질인 ⟨Q⟩에 의해 Q의 표찰을 가질 수 있으므로, 일종의 기준결빙의 효과로 해석된다. 결과적으로 α는 역동적 반대칭의 원리에 적용을 받지 않더라도 일치의 관계를 이루는 기준위치에서 일치자질을 표찰로 할당받음으로써 접합부의 해석을 받을 수 있게 된다.

이와 같이, POP에 의하면, 내부병합(IM)에 의해서 연속적 순환이동을 수행하는 XP는 자신의 일치자질이 다른 통사대상의 일치자질과 쌍을 이루는 기준위치에 당도할 때까지는 역동적 반대칭의 원리에 의해 계속적으로 연속적 순환이동을 진행한다.

이상의 논의에 따르면, (22ii)의 경우(SO={XP, YP})에는 그 대칭적 구조를 갖는 통사대상이 표찰을 부여받을 수 있는 경우는 다음 세 가지로 요약된다.

(35) (i) 연속적 순환이동(successive-cyclic movement)

  (ii) 기준위치(criterial positions)

  (iii) 이외의 대칭적 구조(other symmetric structures)

그럼, 이제 표찰화와 관련해서 남는 문제는 (22iii)의 경우(SO={X, Y})이다. 즉, 두 개의 어휘항목(LI)(즉, 핵(head))이 병합하는 경우에는 그 통사대상이 어떻게 표찰화될 수 있는지의 문제이다. 모든 통사구조의 도출에서 첫 단계의 병합은 언제나 어휘부에서 선발(Select)되는 두 개의 어휘항목이 결합하는 {X, Y} 형태의 핵-핵 구조(head-head construction)를 만들어낸다. 이 경우 어휘항목 X와 Y는 표찰화의 최소탐색에 대해 동일한 거리에 위치하므로 표찰화의 중의성(ambiguity)이 야기되어, 결과적으로 표찰이 부여되지 못한다. 이러한 표찰화의 문제점을 해결하기 위해 POP에서는 다음과 같은 가정을 제안한다.

(36) 어근은 표찰화 연산공식에 비가시적이다. (Root is invisible to LA.)

그리고 또 POP에서는 Alec Marantz와 Hagit Borer의 제안을 받아들여 다음과 같은 가정을 제안한다.

(37) 핵-핵 구조는 기능범주-어근의 형태를 취한다. (the head-head construction is of the form f-root.)

즉, (37)의 가정에 의하면, 도출의 첫 단계에서 적용되는 병합은 범주에 중립적인 어근(root: R)과 이 어근을 선택하는 기능범주

(functional category: *f*)의 결합으로 {X, Y} 형태의 핵-핵 구조를 만들어낸다. 그 구조는 다음과 같다.

(38) [$_a$ *f* R]

이 구조에 표찰화가 적용되면, 위 (36)의 조건에 의해 표찰화의 최소탐색 과정에서 어근R은 탐색되지 못하고, 오직 기능범주인 *f*만 탐색되므로 표찰 *α*는 *f*로 결정된다. 그 대표적인 사례는 다음과 같다.

(39) [$_D$ [$_D$ the] [book]]

이러한 관점에서 다음 문장을 고려해보자.

(40) [$_S$ he [left the room]]

사실상, 위 (40)의 문장은 동사구 *left the room*에 대명사 *he*가 외부병합되어 도출된 문장이다. 이 경우 *he*가 핵범주(head)라면, (40)의 통사대상은 위 (22i)의 {H XP} 구조를 취하게 되어, 표찰화 연산 공식 (23)의 적용으로 S의 표찰은 *he*로 결정되어야 할 것이다. 그러나 이러한 문제는 다음과 같은 Uriagereka(1988)의 제안에 의해 해결될 수 있다.

(41) 대명사는 [α *f* R]의 복합구조를 취하는 D-pro의 XP이다. (The pronoun is the complex structure of D-pro.)

즉, (41)의 제안에 의하면, 위 (40)의 문장에서 대명사 *he*는 [D D pro]의 복합구조를 취하는 XP이므로, 위 (40)의 문장은 {XP, YP}의 구조를 취하는 통사대상으로 기준위치(criterial position)에서 기준결빙(criterial freezing)이 일어난 문장의 구조로 해석된다. 이와 같은 구조적 해석은 다음과 같이 단일 어휘항목(LI)을 주어로 갖는 모든 문장에서 동일하게 적용된다.

(42) a. John left the room.

　　b. sugar is sweet.

　　etc.

즉, 위의 예문에서 주어의 위치에 나타나는 *John*과 *sugar* 등은 *n-root*의 복합구조를 갖는 명사(noun)들이므로, 이들 문장은 모두 {XP, YP}의 형태를 취하는 통사대상으로서 기준결빙(criterial freezing)이 일어난 문장의 구조로 해석된다.

그러면, 여기서 다시 위 (25ii)/(26ii)의 구조적 접속(structured coordination)의 경우로 되돌아가, 아래 구조적 접속 구문의 구조표현에서 구성소들의 표찰화가 어떻게 진행되는지 살펴보자.

(43) [$_\beta$ XP [$_\gamma$ *Conj* [$_\alpha$ XP YP]]]

　먼저, (43)의 구조표현에서 α의 표찰은, 위 (25ii)/(26ii)의 논의에서처럼, '역동적 반대칭의 원리'에 의한 XP의 이동으로 인해 YP의 핵인 Y로 결정된다. 그렇다면, 그 다음 접속사 *Conj*의 병합으로 도출되는 통사대상인 γ의 표찰은 어떻게 결정이 되는가? 우선적으로 생각해 보면, *Conj*가 어휘범주이고, 따라서 γ는 (22i)의 SO={H, XP}가 되므로 (23)의 표찰화 연산공식(LA)의 적용으로 *Conj*가 그것의 표찰이 된다고 보아야 한다. 그러면 이 경우, 내부병합에 의한 XP의 이동으로 도출되는 β의 표찰은 어떻게 결정이 되는가? γ가 (23)의 표찰화 연산공식에 의해 이미 내부구조를 갖는 *Conj*P로 결정되어 있으므로, β의 구조는 (22ii)의 SO={XP, YP}가 된다. 따라서, 이상의 논의에서처럼, β가 표찰화되기 위해서는 두 가지 방법이 고려된다. 즉, '역동적 반대칭의 원리'에 의해 XP와 YP 중에 하나를 이동하거나, 아니면 XP와 YP가 일치관계의 기준위치를 이루는 방법이다. 그러나, 이 두 가지 방법은 실제적인 언어현실과는 거리가 멀다. 왜냐하면, 구조적 접속 구문에서는 등위접속구조제약(coordinate structure constraint: CSC)에 의해 내포되는 어느 구성소도 그 접속구문 바깥으로 적출(extraction)될 수 없고, β가 국면이 아니므로 구조적으로 XP와 YP가 일치의 관계를 이루지도 않기 때문이다. 그리고 실제적 언어현실에서는 접속되는 두 접속요소가 AP라면, 그 접속구문도 AP가 되어야 한다. 즉, (43)의 구조에서, XP와 YP가 AP라면 β 역시 AP가 되어야 한다. 따라서, POP에서는 이러한 문제를 해결하기 위해서 다음과 같은 특정약정(ad hoc stipulation)을 제시한다.

(44) 접속사와 그것이 핵이 되는 구문은 표찰로 사용될 수 없다. (*Conj and the construction that it heads are not available as a label.*)

(44)에 의하면, 접속사는 다른 어근(root)인 어휘범주들과 마찬가지로 표찰이 될 자격을 갖지 못한다. 따라서, 위 (43)의 구조에서 *Conj*와 γ는 β의 표찰에 관여하지 못하므로 β의 표찰은 최소탐색의 표찰화 연산에 의해 XP의 핵인 X가 된다.

이제, 다음 예문들의 경우를 고려해 보자.

(45) a. I wonder [*what you wrote*].

b. I read [*what you wrote*].

위의 예문들은 종속절의 문두에 나타나는 *what*이 목적어 위치로부터 시작된 연속적 순환이동의 과정에서 정지가 일어난 경우로, 소위 '정지의 문제(halting problem)'를 야기하고 있다. 이들 종속절은 다음과 같은 구조의 통사대상을 이룬다.

(46) [ₐ what CP]

　그러면, (46)의 구조를 갖는 통사대상의 표찰인 α는 무엇이며, 그 표찰은 어떻게 결정되는 것인가? Donati(2006)에 의하면, (45a)의 간접의문문(indirect interrogative)의 경우에는 α가 CP이며, (45b)의 자유관계절(free relative)의 경우에는 DP가 된다고 주장하고 있다. 이러한 주장은 동사의 범주선택(C-selection)의 차원에서 타당성을 지닌다. 그러나 이러한 주장을 표찰화의 관점에서 재해석을 하면 약간 복잡한 문제가 야기된다. 즉, (45a)의 간접의문문의 경우에는 *what*이 (41)의 정의에 따라 [ₐ *f* R]의 복합구조를 취하는 DP로 해석되어야 하나, (45b)의 자유관계절의 경우에는 *what*이 핵범주(head)인 D로 해석되어야 하기 때문이다. 요컨대, (45a)의 경우에는 종속절이 {XP, YP}의 형태를 취하는 통사대상으로서 의문자질인 Q의 일치에 기인하는 기준결빙이 일어난 문장의 구조로 해석되어야 하지만 (45b)의 자유관계절 경우에서는 종속절이 {H, XP}의 형태를 취하는 통사대상으로 위 표찰화 연산공식 (23)의 적용으로 그 표찰이 D가 되어야 한다는 것이다. 이는 곧 영어의 *what*이 의문사일 경우에는 복합구조의 XP로, 관계절의 머리(head)일 때는 핵범주인 D로 분석되어야 함을 의미한다.

　그러면, 이제 그 동안 공범주원리(ECP)의 위반으로 처리해 왔던 다음의 예문이 POP 하에서 어떻게 설명되는지 살펴보자.

(47) *_How many mechanics_i did they ask (if) t_i fixed the cars?

이 문장은 다음과 같은 중간도출을 거쳐 생성된다.

(48) they asked [C-Q [$_α$ [how many mechanics] [T-Q fixed the cars]]]

위의 도출에 이르면, $α$는 {DP, TP}의 문장(S)의 구조를 지니며, TP의 핵인 T는 C(_if_)로부터 위 (31)의 '자질계승'의 원리에 의해 Q의 자질을 포함한 모든 일치자질을 계승받는다. 그 결과 의문사인 DP와 TP는 모두 일치자질 Q를 보유하게 되어 표찰화 연산공식(LA)은 위 (30)의 가정 하에서 Q를 $α$의 표찰로 결정한다. 이로써 연속적 순환 이동의 과정에 있던 의문사 _how many mechanics_은 이 위치에서 기준결빙(criterial freezing)되어 더 이상 상위의 위치로 인상되지 못한다. 따라서, (47)의 비문법성은 이제 기준위치(criterial position)에서 일어나는 결빙효과(freezing effect)에 의해 포착된다.

그러면, 아래 예문에서와 같은 소위 '_that-t_ 제거장치(_that-t_ filter)'와 관련되는 공범주원리의 효과(ECP-effect)는 POP에서 어떻게 포착될 수 있는지 살펴보자.

(49) *How many mechanics*_i did they say (*that) t_i fixed the cars?

위의 예문은 종속절의 문두에 보문소 *that*가 나타나면 위 (47)의 예문에서처럼 종속절의 주어-술어 구조에서 발생하는 기준결빙에 의해 의문사 *how many mechanics*가 더 이상 이동하지 못하는 공범주원리의 효과가 나타나지만, *that*가 나타나지 않으면 이러한 결빙효과가 나타나지 않음을 보여주고 있다. 이러한 공범주원리의 효과를 설명하기 위해서 POP에서는 Rizzi(pc)의 제안을 받아들여 다음과 같은 가정을 제시한다.

(50) (i) 내부병합을 차단하는 기준결빙은 C로부터 T에 계승되는 강요자질 F에 의해서 발생한다. (Criterial freezing, blocking IM, is introduced by the *force* feature F of T inherited from C.)

(ii) 강요자질 F는 주어의 Q-자질과 φ-자질 모두와 일치를 이루는 자질이다. (F is the feature to agree with both the Q-feature and the φ-features of the subject.)

(iii) *that*-삭제는 C의 형태를 약화시킴으로써 C가 강요자질 F를 갖지 못하게 한다. (Deletion of *that* leaves only a weakened form of C, lacking F.)

(50)의 가정에 의하면, 이제 (49)의 예문에서 종속절의 문두에 보문소 *that*가 나타나면 C로부터 T에 주어지는 강요자질(*force* feature) F에 의해 종속절의 주어와 술어 구조에 기준결빙의 효과가 나타나지만, *that*가 삭제되면 더 이상 C로부터 T에게 강요자질 F가 주어지지 않으므로 기준결빙의 효과가 일어나지 않게 된다. 따라서, 위 예문 (49)에 나타나는 '*that-t* 제거장치'와 관련되는 공범주원리의 효과가 (50)의 가정 하에서 잘 포착된다. 그러나, (50)의 가정은 '*that-t* 제거장치'와 관련되는 공범주원리의 효과를 POP 하에서 포착하기 위한 특정약정(ad hoc stipulation)에 불과하므로 최단순 병합(simplest Merge)과 최소의 연산(minimal computation: MC)의 문법체계를 지향하는 강력최소주의적 정신(SMT spirit)에 부합하지 않는다는 문제점을 지닌다.

4. Chomsky(2015)의 표찰화 이론

이제 Chomsky(2015)에서 제안하는 표찰화 이론(이하, POP+)을 살펴보자.[47] POP+에서는 POP((Chomsky(2013)의 표찰화 이론)의 기본적인 표찰화 체계를 받아들이지만,[48] 중요한 차이는 POP+

---

47) M. Richard(2019)에서는 Chomsky(2015)의 표찰화 이론을 'POP+'라 일컫는다. 이는 앞선 Chomsky(2013)의 표찰화 이론인 'POP'에 대비되는 이름으로, Chomsky(2015)의 논문제목이 'Problems of projection: Extensions'인 것에서 나온 두자어(acronym)의 명칭이다.

48) 기본적인 표찰화 체계란 표찰을 필요로 하는 통사대상(SO)이 {H, XP}일 때는 핵인 H가 그 표찰이 되고, 대칭구조(symmetrical structure)의 {XP, YP}일 때는 두 가지 방법으

에서는 '방법론적 필연성(methodological necessity)'에 입각하여 CP와 v*P가 동일한 내부구조를 취하며,[49] 그 내부적으로 적용되는 표찰화의 과정도 동일하다는 일반화를 도모하고 있고, 또한 EPP 현상과 ECP 현상을 동일한 문법현상으로 통합하고 있다는 점이다. 그리고 표찰화에 대한 더욱 정밀한 주장과 논증을 펼쳐나가기 위해 POP에서 발견되는 여러 모호한 개념적 문제들을 정교하게 바로 잡거나 개선하고 있다는 점이다.

먼저, POP+에서는 POP에서처럼 최단순 체계의 보문문법 (simplest account of UG)을 추구하고 있다. 따라서, 이러한 목표에는 가장 단순한 형태의 연산작용인 병합(Merge)(여기에는 내부병합(IM)과 외부병합(EM)의 두 가지 하위부류가 있다)과 '최소의 연산 (minimal computation: MC)'의 원리의 상호작용으로 언어의 문법현상들을 설명하고자 하는 소위 강력최소주의이론(SMT)이 가장 잘 부합한다고 주장한다.

로 표찰이 결정되는데, 첫째 방법이 XP(혹은 YP)가 내부병합(IM)에 의해 이동함으로써 비대칭구조(asymmetrical structure)를 만들어 그 표찰을 Y(혹은 X)로 결정하는 것(역동적 반대칭(dynamic antisymmetry)의 경우)이고, 두 번째 방법은 X(P)와 Y(P)가 함께 나누어가지는 일치자질을 그 표찰로 삼음으로써 대칭구조를 유지하는 방법(기준결빙 (criterial freezing)의 경우)의 표찰화 체계를 말한다.

49) '방법론적 필연성(methodological necessity)'이란 POP+에서 제안하는 언어원리로 경험으로 학습될 수 없는 이색적인 문법현상(exotic phenomena)을 설명할 때는 새로운 분석법을 동원하기보다는 기존의 비이색적인 현상(non-exotic phenomena)을 설명할 때 사용하던 입증된 분석법을 활용하는 것이 강력최소주의이론에 부합한다는 원리이다.

그 첫 번째 이유는 강력최소주의이론이 인간언어에 나타나는 전위 (displacement)라는 동시다발적 현상(ubiquitous phenomenon)을 매우 간단히 포착하고 있기 때문이다. 사실상, 전위는 인공기호체계(invented symbolic systems)에는 결코 도입될 수 없는 독특한 복잡성을 지니며, 최근까지도 인간언어의 신기한 비완벽성 (imperfection)으로 여겨져 왔다. 이러한 전위의 현상이 강력최소주의이론 하에서는 내부병합(IM)이라는 간단한 연산의 적용으로 포착되는 최단순 형태의 문법현상임이 밝혀졌다.

두 번째는, 좀 넓은 의미를 띠는 이유이긴 하지만, 내부병합(IM)이 의미해석(semantic interpretation)을 위한 정보로서는 바람직한 형태(right form)의 정보를 제공하지만, 감각운동접합부의 해석(SM interpretation)을 위한 정보로서는 부적합한 형태(wrong form)의 정보를 제공한다는 것이다. 이는 내부병합이 도출하는 전위현상은 복사(copies)를 남기는데, 이 복사는 그것의 선행사와 함께 개념의도접합부(CI)의 의미해석에는 유용하게 활용되나, 감각운동접합부(SM)에서 적용되는 소리의 해석에서는 연산의 복잡성(computational complexity)을 야기한다. 왜냐하면, 한 범주를 소리로 발화할 때는 그것의 발현(occurrences)인 선행사와 복사를 모두 발화하는 것보다는 그 발현 중에 하나만 발현하는 쪽이 연산상 간단하기 때문이다. 따라서, 내부병합이 도출한 언어정보를 감각운동접합부로 양도 (transfer)하는 과정에 '최소연산의 원리(principle of MC)'가 작동하여 복사의 삭제(copy deletion)가 일어나는데, 이러한 복사의 삭제는 결과적으로 의사소통을 위해 소리의 연결체(문장)를 청각하고 분석하는 지각과 분해작용에 심각한 문제(perception/parsing problems)를 야기한다.50) 이러한 결과는 인간언어의 연산체계가 의사소통과 최소연산의 원리가 상충될 때는 최소연산의 원리에 따른다는 결론으로 이어지고, 이러한 결론은 인간언어의 설계가 의사소통이 아니라 사고의 구성과 해석을 위해 이루어졌다는 다양한 증거들에 부합하며, 마침내는 인간언어의 근원적인 속성을 이해하는데 도움을 줄 뿐만 아니라, 언어의 진화(language evolution)에 관해서까지도 중요한 열쇠를 제공한다는 것이다.

　세 번째 이유는 강력최소주의이론이 1950년대 생성문법적 과업(generative enterprise)이 시작된 이래로 오랜 수수께끼(puzzle)로 존재해왔던 '언간언어의 모든 원리와 규칙들은 보편적으로 왜 연산의 과정이 간단한 선형적 어순(linear order)에 의존하지 않고 연산의 복잡성을 야기하는 구조(structure)에 의존하는가?'의 문제에 대한 분명한 대답을 제공하고 있다는 점이다. 이는 곧 강력최소주의이론에서 제안하고 있는 최단순 연산인 병합이 통사대상들의 계층적 구조(hierarchical structures)를 만들 뿐만 아니라, 이러한 계층적

---

50) 이러한 문제를 소위 '충전물-공백의 문제(filler-gap problems)'라 하는데, 이러한 문제를 야기하는 현상에는 구조적 중의성(structural ambiguity)과 정원통로문장(garden path sentence) 등의 현상들이 있다.

구조가 개념의도접합부(CI)에서 요구하는 의미적 다양성(semantic multiplicity)에 부합함으로써 여전히 인간언어가 의사소통(communication)이 아니라 사고표현의 도구(instrument of thoughts)로 설계되었음을 확인해 준다.

네 번째 이유는 인간언어에는 값이 부여되지 않은 자질(unvalued features)들이 있고, 이러한 자질들은 특정 구조적 위치에서 값을 부여받는다는 신기한 현상이 있는데, 이러한 현상에 대해 강력최소주의이론은 분명한 설명방안을 제시하고 있다는 점이다. 즉, 강력최소주의이론에서는 그러한 통사적 위치가 국면(phases)을 형성한다고 제안하고 있는데, 이 국면이 바로 연산적 효율성(computational efficiency)에 부합하는 엄밀순환(strict cycles)의 단위로 작용한다는 것이다. 참고로, POP+에서는 CP와 v*P가 국면에 해당한다고 본다.

위에서 제시한 이러한 이유들을 미루어 보면 또 하나의 추가적인 이유가 확인되는데, 그것은 강력최소주의이론이 우리로 하여금 언어란 필연적으로 사고의 구성과 해석(construction and interpretation of thought)을 위한 도구, 즉 '사고의 언어(language of thought: LOT)'라는 전통적 개념으로 회귀하도록 도와준다는 것이다. 이런 점에서 감각운동접합부의 외현화(SM externalization)는 언어의 2차적인 현상으로 볼 수 있고, 이러한 외현화를 사용하는 의사소통 역시, 별 근거 없이 널리 퍼져있던 통설적 주장(dogma)과는 달리,[51] 언어의 설계와 본질에 주변적인 요소로 작용한다는 것이다.

이상의 이유들을 종합하면, 언어연구에 기준이 되는 다음과 같은 생성문법의 기본원리(basic principle: BP)가 도출된다.

(51) 각 내재언어는 무제한적으로 많은 계층적 구조의 표현들을 생성하는 연산과정이며, 이러한 표현들은 각기 감각운동접합부와 개념의도접합부에서 해석을 받으며, 감각운동접합부의 해석을 통해 소리로 외현화되는데, 이러한 외현화로 어순이 결정된다.

POP+에서는 POP에서와 마찬가지로 (51)의 기본원리 하에서 언어연구의 핵심과제를 합성성(compositionality), 어순(order), 투사(projection), 그리고 전위(displacement)의 네 가지로 분류하고, 이 중 어순은 감각운동접합부의 외현화(SM externalization) 결과로 돌리고, 합성성과 전위는 최단순 연산작용(simplest computational operation)인 이분지 병합(binary Merge)의 결과로 돌리고, 제공되는 발화(utterance) 속에서는 쉽게 감지되지 않으므로 이론내적(theory-internal) 개념일 수밖에 없는, 질적으로 다른 특성인 투사는 표찰화 연산공식(lageling algorithm: LA)이라는 최소탐색의 특별한 한 경우의 결과로 돌린다. 다만, POP+에서는 표찰화(labeling)

---

51) 별 근거 없이 널리 퍼져있던 통설적 주장이란 '언어는 의사소통의 도구(instrument of communication)이다'라는 주장이고, 그 근원은 '언어란 의미를 갖는 소리(sound with meaning)'라는 아리스토텔레스의 선언(Aristotle's dictum)에 있다.

와 관련하여 POP에서 미처 분명하게 제시하지 못한 이론적이거나 개념적인 문제들을 강력최소주의이론의 기조에 따라 더욱 정교하게 바로 잡거나 정리하여 다음과 같은 새로운 가정들을 제시하고 있다.

(52) (i) 표찰화 연산공식은 그것의 탐색영역에서 핵범주 H를 찾지만, 국면불가침조건(PIC)을 준수한다.[52)]

(ii) 표찰화는 감각운동접합부(SM)와 개념의도접합(CI)에서 모두 요구되므로, 양도(Transfer)의 일환으로 국면(phase)의 단위로 적용된다.

(iii) 표찰화 연산공식은 구구조문법(PSG)과 핵계층이론(X′-theory)에서처럼 새로운 범주를 제공하는 것이 아니라, 외현화와 개념의도체계의 해석을 위해 오직 통사대상(SO)의 속성(property)만을 결정한다.

(iv) 어휘(lexical item)에는 실질요소(substantive elements)와 기능요소(functional elements) 2가지가 있다. 실질요소는 범주가 명시되지 않은 어근(root)을 이루는데, 어근은 표찰화 연산공식에 기시적(visible)이지만 표찰이 되기에는 "너무 약(too

---

52) Chomsky(1999, 2004)에서는 다음과 같은 국면불가침조건(phase impenetrability condition: PIC)을 제시하고 있다.

(i) H가 강국면 HP의 핵이고, ZP는 차상위의 강국면일 때, H의 영역은 ZP의 순환단계에서 적용되는 연산작용에 참여할 수 없지만, H와 그것의 외곽요소는 참여할 수 있다. (The domain of H is not accessible to operations at ZP, but only H and its edge, (where H is the head of strong phase HP, and ZP is the next strong phase).

weak)"하다. 따라서, 실질요소는 관련 기능요소와 병합되거나 명사적 요소와 일치를 이룸으로써 그 통사대상의 표찰이 결정된 다.53)

(v) 자질계승(feature inheritance)에 의해 T가 C로부터 파이자질 (ϕ-features), 시제(tense), 의문자질(Q) 등의 일치와 기능적 특성을 물려받을 때 C의 국면성(phasehood)까지도 함께 물려받는 다. 따라서 C가 삭제가 될 경우에는 T가 국면을 이루는 핵의 역할을 한다.

(vi) 모든 연산작용은 자유롭게 적용된다.54) (Operations can be free.)

위의 가정 중에 (52iii)은 개념적으로 면밀한 검토가 필요한 새로운 이론적 제안이라고 볼 수 있다. 즉, (52iii)에 의하면, 통사대상은 더 이상 수형도(tree-diagram)로 표시될 수 없다. 왜냐하면, 통사대

---

53) POP+에서는 '실질범주(substantial category)'와 '기능범주(functional category)' 라는 용어 대신에 '실질요소(substantive elements)'와 '기능요소(functional elements)'라는 용어를 사용한다. 이는 POP+에서는 범주(투사)의 표찰은 오로지 표찰화에 의해서만 이루어지고, 또한 표찰화에 의해 이루어지는 범주(투사)의 표찰도, 위 (52iii)의 가정에 의하면, 새로운 범주의 마디가 아니라 그 통사대상의 속성을 나타내는 이름이기 때문이다.

54) 여기서 연산작용이란 사실상 병합(Merge)에 국한된다고 볼 수 있다. 왜냐하면, POP+에서는 협소통사부의 연산체계(C_{HL})에는 오로지 병합만 남는다고 암묵적인 전제를 하고 있기 때문이다. 왜냐하면, 표찰화(labeling)의 작용은 어순(order)과 마찬가지로 통사외적(syntax-external)인 작용으로 볼 때만 '최소의 연산(MC)'이란 차원에서 그 존재 가치가 있기 때문이다.

상에 내포되어 있는 그 어떤 구성소도 그 마디(node)를 나타내는 범주가 제공되지 않기 때문이다. 요컨대, 구성소의 투사(projection)나 구성소들의 결합으로 발생하는 투사의 개념은 더 이상 마디를 의미하는 범주의 개념이 아니라, 단순히 그 구성소나 구성소들의 결합인 통사대상의 속성을 표시(marking)하는 표찰(label)의 개념으로만 존재한다.55) 따라서, 더 이상 통사대상은 수형도로 표시될 수 없고, 그 동안 수형도의 개념에 기초하여 설명하던 여러 가지 이색적인 문법현상들과 문법체계들은 신중하게 재검토되어야할 필요가 있다.56) 왜냐하면, 이러한 문법체계는 방법론적 필연성의 차원에서 보면 그 존재의 필요성을 따로 입증해야 하는 전혀 새로운 작용들이기 때문이다. 사실상, 인간은 이러한 문법체계를 학습할 기회가 없기 때문에 이러한 문법체계가 보편문법의 특성을 지닌다고 볼 수 없다.

또한, (52iv)의 경우도 면밀히 검토할 필요가 있다. 사실상, POP에서는 범주가 명시되지 않은 어근(root)에는 명사(N)와 동사(V)가 있고, 이들은 각기 기능요소인 n과 v와 결합함으로써 그것들의 범주가 결정된다고 보았다. 또한 어근(R)은 표찰화 연산공식에 비가시적(invisible)이므로 표찰이 될 수 없고, 오직 그들과 병합하는 기능요

---

55) 사실상, 새로운 투사개념에 의하면 통사대상 {XP, {YP, ZP}}의 구조표현은 [XP, [YP, ZP]]과 같이 표현되는데, 여기에는 병합되는 두 구성소 어디에도 상위에 마디가 없고, 두 구성소가 결합하는 가지들의 뿌리에도 마디를 표시하는 표찰이 없다.
56) 이러한 이색적인 문법현상들 중에는 후병합(late merge), 선행사포함삭제 (antecedent-contained deletion: ACD), 기생공백(parasitic gaps) 등등이 있다.

소(K)만이 표찰화 연산공식에 가시적(visible)이므로 이들이 결합하여 {K, R}의 통사대상을 그 통사대상의 표찰은 K가 된다고 보았다. 이제 POP+에서는 어근이 표찰화 연산공식에 비가시적이기 때문에 표찰이 될 수 없는 것이 아니라, 표찰화 연산공식에 가시적이기는 하지만 표찰이 되기에는 너무 약(too weak)하기 때문에 표찰이 될 수 없다고 본다. 따라서, 이러한 어근이 자신의 힘을 보강하여 표찰을 부여받기 위해서는 표찰이 되기에 충분히 강(enough strong)한 기능요소와 병합하여야 한다는 것이다.

위 (52)의 가정들을 배경으로 POP+에서는 기존의 연구에서 풀리지 않는 수수께끼(puzzle)로 남아있는 여러 난제들을 해결한다.

그 첫 번째 사례가 '목적어인상(raising-to-object)'이란 난제의 해결이다. 다음 예문을 고려해 보자.

(53) John expects Bill to leave.

이미 40여 년 전 Paul Postal은 (53)의 예문에서 보여주는 바와 같은 소위 '예외적격표시구문(ECM constructions)'에서 종속절 주어가 표층의 목적어의 위치로 인상한다고 주장하였고, 그 이후 Lasnik & Saito(1991)/Lasnik(2002) 등에서 추가적인 증거를 제시하며, 이러한 주장을 뒷받침하였던 바, Lasnik & Saito(1991)/Lasnik(2002)에 의하면, (53)의 문장에서, 종속절의 주어인 *Bill*은 주절동사

*expect*의 지정어(SPEC)로 인상되고, 그 뒤 *expect*는 다시 국면의 핵
인 v*로 핵이동(head movement)함으로써 원래의 어순으로 복원한
다고 보았다. 이러한 주장은 '의미적 효과(semantic effects)'의 측
면에서 보면 그 타당성이 인정된다. 그러나, 두 번의 독립적인 인상을
통해 원래의 어순을 회복하는 이러한 규칙적용이 군이 왜 일어나야
하는지와, 이러한 규칙적용은 언어의 학습자에게 활용될 수 있는 직
접적인 경험의 자료(증거)가 없다는 점에서 '목적어인상'은 풀리지
않는 수수께끼(puzzle)로 남는다. 이것이야 말로 학습불가능한
(unlearnable) 통사적, 의미적인 구조의 놀라운 사례가 된다. POP+
에서는 이와 같이 학습을 위한 경험적 증거가 없는, 그래서 학습이 불
가능한 이색적(exotic)인 언어현상에 대해서는 역시 경험적으로 증
명되지 않는 새로운 개념이나 규칙을 도입하여 설명할 것이 아니라,
'방법론적 필연성(methodological necessity)'의 조건에 따라 다
른 언어현상을 설명할 때 도입되었던 방법과 같은 방법으로 설명해야
한다고 주장하면서, 예외적격표시구문에서 발생하는 목적어인상을
내부병합(IM)에 의해 TP의 지정어 위치로 DP가 인상하는 '주어인상
(raising-to-subject)'과 동일한 방법으로 설명될 수 있음을 보여주
고 있다.

위 (52)의 가정 하에서 POP+가 해결하고 있는 두 번째 수수께끼
(puzzle)는, Guasti & Rizzi(2002)에서도 확인하고 있지만, 주어가
문장의 지정어 위치에 나타나는 지정어-핵 구조(SPEC-head

structures)의 일치(agreement)가 주어가 제자리에 머물 때 적용되는 장거리일치(long-distance agreement)에서보다 훨씬 풍부한 경향을 띤다는 사실이다. 사실상, 지각과 분해작용(perception-parsing)의 차원에서 보면, 일치하는 두 요소가 인접해 있을 때 보다는 멀리 떨어져 있을 때에 오히려 일치현상이 풍부히 발현되어야 일치관계를 확인데 용이할 수 있다. 그러나 언어현실은 이와는 반대이고, 이는 곧 인간언어가 의사소통이 아니라 사고표현의 도구로 설계되었다는 강력최소주의 이론의 주장을 뒷받침해주는 또 하나의 증거가 된다. 이러한 일치상의 불균형 현상 역시 (52)의 가정을 갖는 POP+ 하에서 잘 해결되고 있다.

즉, POP+에서는 영어와 같은 언어에서는 T까지도 실질요소(substantial element)로서 어근처럼 표찰화 연산공식에 가시적이나 표찰이 되기에는 너무 약(too weak)하다고 본다. 따라서, 이들 언어에서는 DP의 내부병합(IM)으로 주어-술어의 구성을 갖는 [SPEC-TP]의 통사대상을 이룰 때 비로소 T가 주어와 일치자질상의 쌍(pair)을 이루어 그 통사대상의 표찰을 $\langle \phi, \phi \rangle$로 결정한다고 본다. 따라서, 주어와 T가 쌍을 이루는 지정어-핵 구조의 일치가 그렇지 않은 장거리일치에서보다 훨씬 풍부한 일치를 발현한다는 것은 표찰화의 차원에서는 당연한 결과가 된다. 즉, 표찰화를 위해서는 지정어-핵 구조에서 풍부한 일치(rich agreement)가 요구되는 것이다. 사실상, 장거리일치의 경우에는 이와 같은 표찰화의 문제가 발생하지 않는다.

위 (52)의 가정 하에서 POP+가 해결하고 있는 세 번째 수수께끼 (puzzle)는 핵-핵 구조(head-head constructions)에서는 어떻게 표찰이 결정되는가 하는 문제이다. 이 문제에 대해서는 Hagit Borer(2005a, b, 2013)와 Alec Marantz(1997), 그리고 Embrik & Marantz(2008) 등의 제안에서 가능한 해결책을 찾아 볼 수 있다. 즉, POP+에서는 이들의 제안을 기초로 (52iv)의 가정을 제안하고 있는 바, (52iv)의 가정에 따르면 어휘부(lexicon)의 어휘항목에는 실질요소(substantive elements)와 기능요소(functional elements) 2가지가 있고, 실질요소는 범주가 명시되지 않은 어휘항목으로 어근 (root)의 기능을 수행한다. 어근은 표찰화 연산공식에 가시적 (visible)이지만 표찰이 되기에는 "너무 약(too weak)"하기 때문에 표찰화되기 위해서는 반드시 관련 기능요소와 병합을 이루어야 하는데, 이 때 기능요소가 그 통사대상의 표찰을 결정한다. 따라서, 핵-핵 구조는 반드시 기능요소(K)와 어근을 이루는 실질요소(R)의 병합으로 이루지는 {K, R} 형태의 통사대상이 되어야 하고, 이때 이 통사대상의 표찰은 표찰화 연산공식에 가시적인 기능요소 K에 의해 설정된다.

위 (52)의 가정 하에서 POP+가 해결하고 있는 네 번째 수수께끼 (puzzle)는 Rizzi(2015)에서 언급하고 있는 기준결빙(criterial freezing), 즉 "정지의 문제(halting problem)"이다. 이 문제는 POP 에서도 다루었지만 POP에서는 기준위치(criterial position)에서의 일치자질에 의한 표찰화 이후에 왜 연속적 순환이동이 정지되는 정지의 문제가 발생하는지에 대한 명쾌한 답을 제시하지 못하였다. 더구나, 이제 '모든 연산작용은 자유롭게 적용된다(Operations can be free.)'는 (52vi)의 가정 하에서는 이러한 기준위치에서 발생하는 정지의 문제에 대해 더욱 분명한 답을 제시해야 한다. 사실, 이 문제에 대해 Rizzi(2015)에서는 하나의 멋진 대답을 제시하고 있긴 하다. 즉, 아래 예문을 고려해 보자. (*t*는 *which dog*의 복사(copy)이다.)

(54) *[β *which dog* do you wonder [ₐ *t* [ᵧ C_Q [TP John likes *t*]]]]

Rizzi(2015)에 의하면, (54)의 경우에는 *which dog*이 *t*의 자리에 머물 때 하위 국면인 *α*의 표찰이 *which dog*과 C_Q의 일치자질인 Q에 의해 Q로 결정된다고 본다. 이 때 *α*의 구조표현은 다음과 같다.

(55)

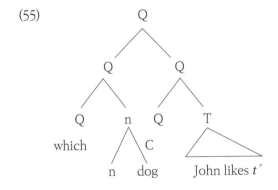

이러한 구조표현에서 *which dog*이 상위로 인상하면, Rizzi(2015)는 다음과 같은 소위 '최대성조건(maximality condition)'을 위반하게 되므로 (54)와 같은 예문의 도출이 차단된다고 주장하고 있다.57)

(56) 구범주의 이동은 주어진 표찰을 갖는 최대의 대상에만 적용된다.
(Phrasal Movement can only involve maximal object with a given label.)

즉, (55)의 구조에서 *which dog*의 표찰 Q는 주어진 표찰 Q에 관한 한 최대 대상이 아니다. 따라서 *which dog*이 단독으로 상위로 인상되면, (56)의 최대성조건의 위반이 초래되므로 (54)의 도출은 차단된다.

그러나, 정지의 문제에 대한 Rizzi(2015)의 이런 멋진 대답도 (52)의 가정들을 채택하는 POP+에서는 무용지물이 된다. 왜냐하면, (52iii)에 의하면, 통사대상은 더 이상 위 (55)와 같은 수형도(tree-diagram)

---

57) 사실상, Rizzi(2015)의 최대성조건은 다음과 같은 Chomsky(1964, 1968)에서 제안한 A-over-A 원리(A-over-A principle)에 그 기원을 찾아볼 수 있다.

(i) 구조 $\cdots[_A \cdots [_A \cdots] \cdots] \cdots$에서, 만약 변형규칙의 구조기술이 중의적으로 A를 적시하고 있다면, 그 구조기술은 오로지 상위의 더 큰 포괄적인 절점인 A를 적시하는 것으로 분석되어야 한다. (In a structure $\cdots[_A \cdots [_A \cdots] \cdots] \cdots$, if a structural description refers to A ambiguously, then that structural description can only analyze the higher, more inclusive, node A.)

로 표시될 수 없기 때문이다. (52iii) 하에서는, 이제 구성소의 투사(projection)나 구성소들의 결합으로 발생하는 투사의 개념은 더 이상 마디를 의미하는 범주의 개념이 아니라, 단순히 그 구성소나 구성소들의 결합인 통사대상의 속성(property)을 표시(marking)하는 표찰(label)의 개념으로만 존재한다.[58] 따라서, 더 이상 통사대상은 범주들의 계층적 구성인 수형도로 표시될 수 없고, 수형도의 개념에 기초한 위 (56)과 같은 조건 역시 경험이 불가능한 원리이므로 방법론적 필연성의 차원에서 강력최소주의이론에 부합하지 않는다.

그러면, 위 (54)와 같은 예문에서 발생하는 기준결빙, 즉 '정지의 문제'는 위 (52)의 가정을 채택하는 POP+ 하에서는 어떻게 해결되는가?

(52iii)의 가정을 채택하는 POP+ 하에서는 위 예문 (54)의 도출은 자유롭다. 그러나, (54)에서 β의 국면에 이르면, t는 상위로 인상한 *which dog*의 복사이므로 α의 표찰을 결정하는 표찰화 연산공식(LA)에 비가시적(invisible)이다. 따라서 α의 표찰은 표찰화 연산공식(LA)에 가시적(visible)인 C_Q에 의해 Q로 결정된다. 그러면, α는 개

---

[58] 표찰화가 병합으로 도출되는 통사대상의 새로운 마디(투사)에 대한 범주를 제공하는 연산이라는 오해를 불식하기 위해서, POP+에서는 표찰화를 그 통사대상의 표찰이 되는 핵(head)에게 '표찰(label)'이라는 자질을 할당하는 연산으로도 볼 수 있다고 제안한다. 따라서, 표찰은 국면단위에서 한 번 결정되면 이후 상위국면의 어떤 연산에 의해서도 제거되지 않는다는 소위 Chomsky(2015)의 '국면기억원리(phase memory principle)'가 도출된다.

념의도접합부(CI)에서는 *yes-no* 의문문(*yes-no* question)으로 해석되고, 조동사인상(AUX-raising)과 상승음조(rising intonation)를 갖는 도출로 감각운동접합부(SM)에서 외현화(externalization)된다. 이러한 표현은 횡설수설(gibberish)로서 개념의도접합부(CI)에서 파산(crash)된다. 따라서 (54)의 예문에서 *which dog*이 *t*의 자리에 머물 때만 하위 국면인 *α*의 표찰이 간접의문문(indirect question)의 표찰인 ⟨Q, Q⟩로 결정되고, (54)의 도출이 개념의도접합부(CI)에서 수렴(converged)된다. 이와 같이, (54)의 도출이 개념의도접합부(CI)에서 수렴되기 위해서는 그 도출과정에서 *which dog*이 더 이상의 순환이동을 멈추고 *t*의 자리에 정지하여야 하는데, 이것이 바로 정지의 문제라는 기준결빙(criterial freezing)의 현상이다.

또한, 위 (52)의 가정을 채택하는 POP+ 하에서 해결되고 있는 다섯 번째 수수께끼(puzzle)는 오랜 세월 풀리지 않은 난제로서, 바로 주어의 예외적 특성과 관련되는 문제이다. 즉, 확대투사원리(extended projection principle: 이하, EPP)와 공범주원리(empty category principle: 이하, ECP), 그리고 이들과 관련되는 언어간의 내개변인적 변이(parametric variation)의 문제가 그것이다. 위 (52)의 가정을 갖는 POP+ 하에서는 언어간의 매개변인적 변이를 설정함으로써 이들 원리를 통합하는 결과를 낳는다. 뿐만 아니라, 아래 논의에서 확인되겠지만, 이러한 원리에 입각한 언어현상의 설명은 또 다른 국면인 v*P에까지 확대됨으로써 방법론적 필연성의 조건을 충족하는 결과로 이어진다. 이러한 결과들은 강력최소주의적 정신(SMT spirit)을 구현하는데 실질적 진전이 된다.

즉, POP+에 의하면, T는 이탈리아어와 같은 영주어 언어(null subject languages)들에서처럼 풍부한 일치(rich agreement)를 갖는 T와 영어와 같은 언어에서처럼 빈약한 일치(poor agreement)를 갖는 두 가지 변이형으로 매개변인화되는데, 풍부한 일치를 갖는 T는 표찰이 되기에 '충분히 강(enough strong)'하기 때문에 {TP}와 {SPEC, TP}의 구성을 갖는 통사대상 모두에서 표찰이 될 수 있다고 본다. Rizzi(1982)에 따르면, 이탈리아어와 같은 영주어 언어들에서는 ECP의 위반이 자유롭게 일어나는데, 이러한 현상을 표찰화의 관점에서보면, 이는 바로 이들 언어들이 단독으로도 표찰이 되기에 충분히 강한 T를 갖기 때문에 주어 없이도 TP의 핵인 T가 통사대상 {TP}의 표찰이 될 수 있기 때문이다. 그러나, 영어와 같은 언어에서는 T가 표찰이 되기에는 '너무 약(too weak)'하므로, TP가 표찰을 부여받기 위해서는 반드시 명시적 주어가 필요하고, 명시적 주어와 함께 [SPEC-TP]의 구성을 이룸으로써 비로소 그 통사대상의 표찰이 $\langle \phi, \phi \rangle$로 결정될 수 있기 때문에 주어가 더 이상 이동할 수 없는 소위 Rizzi(2015)의 '정지의 문제(halting problem)' 혹은 '기준결빙(criterial freezing)'이 발생한다. 영어에서 ECP가 준수되는 현상은 결과적으로 표찰화에 의한 기준결빙에 기인한다. ECP에 대한 이러한 설명은 '모든 문장은 주어를 갖는다'라는 EPP에도 똑 같이 적용될 수 있다. 즉, 주어-술어(subject-predicate)의 구성을 갖는 문장에 주어가 반드시 필요한 이유가 T가 표찰이 되기에는 너무 약하므로, TP가 표찰을 부여받기 위해서는 반드시 명시적 주어가 필요하기 때문이라고 보면, EPP 역시 ECP와 마찬가지로 표찰화에 의한 기준결빙 현상에 기인하는 원리로 재해석될 수 있다. 그러면, 이탈리아어와 같은 영주어 언어들에서는 EPP가 어떻게 준수되는가? 사실, EPP의 발견은 영어와 같은 언어의 연구에서 시작되었고, 이를 인위적으로 이탈리아어와 같은 영주어 언어들에까지 확대적용하다 보니, 영주어 언어에서는 경험적으로 확인될 수 없는 눈에 보이지 않는 허사주어 (expletive subject)인 공대명사(pro)가 존재한다는 가정 하에서 {TP}의 통사대상에는 공대명사 pro가 주어의 위치에 나타나 사실상 {SPEC, TP}의 구성을 갖는다고 주장함으로써 EPP가 준수된다고 보았다. 이러한 경험이 불가능한 공대명사 pro의 가정은 그 실체를 따로 입증해야 하는 새로운 부담을 안게 된다. 따라서 EPP도 모든 언어에서 보편적으로 준수되는 원리가 아니라, 오로지 T가 표찰이 되기에는 너무 약해 독립적으로는 표찰이 될 수 없는 영어와 같은 언어에서만 준수되는 원리라면, EPP 역시 ECP와 마찬가지로 정지의 문제, 즉 기준결빙의 현상에 기인하는 원리로 볼 수 있다. 이와 같이, POP+에서는 언어 간의 매개변인적 차이를 기반으로 ECP와 EPP가 동일한 표찰화에 기인하는 원리로 통합된다.

　그러나, CP의 국면에서 일어나는 TP의 표찰화와 관련해서 매개변인적 차이를 기반으로 ECP와 EPP를 통합할 수 있다는 위와 같은 주장은 아직도 미완성의 제안에 지나지 않는다. 왜냐하면, 아직도 위 (49)의 예문에서 제기되었던 소위 'that-t 제거장치(that-t filter)'와 관련되는 ECP의 효과(ECP-effect)에 대한 완전한 해결책이 제시되지 않았고, 또 아래의 구조표현 (57)-(58)의 대조에서 보여주듯이, CP와 함께 또 다른 국면을 이루는 v*P 내부에서 일어나는 소위 '목적어인상(raising-to-object)'과 관련해서도 그 상호 연관성이 어떻게 포착될 수 있는지에 대한 설득력 있는 검토가 없었기 때문이다.

(57) $[_\delta$ C $[_\alpha$ Tom T $[_\beta$ t v^* ...]]] ("Tom read a book")

(58) $[_\delta$ v^* $[_\alpha$ John R $[_\beta$ t ...]]] ("They expected John to win")

위의 관련 논의에서 확인한 바처럼, (57)의 CP의 구조표현에서 v*P의 지정어인 t의 위치로부터 *Tom*이 인상하는 이유는 T가 표찰이 되기에는 "너무 약(too weak)"하기 때문에 이를 보강하여 α의 표찰을 결정하기 위해서였다. 이렇게 본다면, (58)의 v*P의 경우에도 동사의 어근(root)인 R이 표찰이 되기에는 "너무 약(too weak)"하기 때문에 이를 보강하여 α의 표찰을 결정하기 위해서 *John*이 t의 위치로부터 인상한 것으로 볼 수 있다. (57)에서 α의 표찰화를 위한 *Tom*의 주어인상(raising-to-subject)을 EPP 현상으로 본다면, (58)에서의 *John*의 목적어인상(raising-to-object)도 표찰화를 위한 동일한 EPP 현상으로 볼 수 있다. 이러한 주장은 방법론적 필연성(methodological necessity)의 차원에서도 강력최소주의이론(SMT)에 잘 부합한다.

그러나 이러한 주장에서도 해결하여야 할 몇 가지 문제가 여전히 남는다. 즉, 첫째는 (57)에서의 *Tom*의 주어인상(raising-to-subject)은 T의 매개변인화에 따른 언어개별적(language-particular)인 현상이지만, (58)에서의 *John*의 목적어인상(raising-to-object)은 모든 언어에서 동일하게 적용되는 언어보편적(language-universal)인 현상이라는 것이고, 둘째는 주어인상과 목적어인상의 대상이 *Tom*이나 *John*이 아니라 아래 (57')과 (58')에서처럼 의문사 *who*라면 상위의 지정된 위치로 계속적인 인상이 이루어질 수 있는 바, 이 때 (57')에서는 언어적 매개변인화에 따라 영어와 같은 언어에서는 ECP가 준수되지만, (58')에서는 모든 언어에서 ECP가 무시된다는 것이다.

(57') $[_\chi$ who do you v^* $[_\varepsilon$ think $[_\delta$ C $[_\alpha$ t T $\beta]]]]$ ("who do you think that read the book")

(58') $[_\chi$ who do you $[_\delta$ v^* $[_\alpha$ t R $\beta]]]$ ("who do you expect to win")

또한, (57')과 같은 구조에서도, 위에서 *that-t* 제거장지와 관련해서 언급하였듯이, 보문소 *that*가 삭제될 경우에는 영어와 같은 언어에서도 ECP가 무시된다는 점도 여전히 POP+에서 해결하여야 문제로 남는다. 이 경우, (57')은 다음 (57'')과 같은 구조로 바뀐다.

(57″) [γ who do you v* [ε think Ø [α *t* T *β*]]]] ("who do you think read the book")

이제, (57″)의 구조에서처럼 보문소 *that*가 삭제될 경우, 어떻게 영어와 같은 언어에서도 ECP가 무시될 수 있는지에 대한 Chomsky(2015)의 제안을 살펴보자.

POP+에서는 먼저 (57″)의 문장은 다음과 같은 도출과정을 거쳐 생성된다고 본다.

(59) (i) 자질의 계승(Inheritance)

    (ii) α 내부에서의 *who*의 내부병합(EPP) (IM of *who* in α (EPP))

    (iii) ⟨φ, φ⟩로의 α의 표찰화(Labeling of α as ⟨φ, φ⟩)

    (iv) C의 삭제(C → Ø)

    (v) 양도(Transfer)

(59iv)가 적용될 때 의문사 *who*는 자신의 원래의 자리인 *t*의 위치에 남아있고, 여전히 차상위국면의 내부병합(IM)에 가용한 적용대상이 된다. 그렇다면, (59v)의 양도 단계에서는 무엇이 양도된다는 말인가?

위 (52v)의 가정에 의하면, (59i)의 단계에서 자질계승(feature inheritance)이 이루어질 때, T는 C로부터 그것의 비해석성 자질(uninterpretable features)들뿐만 아니라 국면성(phasehood)까지도 함께 물러받으며, C가 삭제가 될 경우에는 T가 C를 대신하여 국면의 핵으로서의 역할을 수행한다. 따라서, (59v)의 양도(Transfer) 과정에서 양도되는 것은 위 (57″)의 도출에서 α가 아니라, 국면불가침조건(PIC)의 효과에 의해 T의 보충어인 β가 된다.59) 이렇게 β가 양도된 후에도 α는 {who, T} 형태의 통사대상으로 계속 남아 있으므로 *who*는 차상위국면의 연산에 참여할 수 있게 된다. 또한 α는 이미 (59iv)의 단계에서 종속절 CP 국면의 핵인 C가 삭제되기 전에 (59iii)의 단계에서 ⟨ϕ, ϕ⟩로 표찰화되었으므로 아래 (60)과 같은 Chomsky(2015)의 '국면기억원리(phase memory principle)'에 의해 상위국면인 γ의 단위에서도 그것의 표찰이 계속 유지된다.60) 따라서, α의 표찰화를 위해 *who*가 α 내에서 결빙될 필요가 없으므로, (57″)의 도출에서와 같이 종속절에서 '*that*-삭제'가 일어난 경우에는 의문사의 연속적 순환이동이 정지되는 기준결빙(criterial freezing)이 야기되지 않아 *who*는 자유롭게 상위국면의 연산에 의해 계속적으로 연속적 순환이동을 수행할 수 있고, 그 결과 ECP가 무시된다.

---

59) 국면불가침조건(PIC)에 의하면, 한 국면단위에서 차상위 국면의 연산에 참여할 수 있는 요소는 그 국면의 외곽(edge)과 핵(head)이 되므로, 그 국면단위에서 협소통사부(narrow syntax)의 연산이 끝난 후 적용되는 양도(Transfer) 과정에서 실제로 양도(transfer)되는 대상은 국면불가침조건(PIC)의 효과에 의해 그 국면의 보충어(complement)에 한정된다.

60) POP+에서는 (60)의 기본원리(basic principle)에 의해 한 국면에 부과된 정보가 상위국면의 연산에 이르러서도 계속 활용될 수 있다고 주장한다. 이 원리에 의해 상위국면에서 하위 국면의 정보인 복사(copies)와 반복(repetitions)의 구분도 가능하게 된다.

(60) 기억은 국면단위로 이루어진다. (Memory is phase-level.)

그러나, 이러한 주장에 대해서도 좀 더 면밀히 검토해야 할 문제가 남는다. 즉, 위 (57')의 도출에서와 같이 종속절에서 'that-삭제'가 일어나지 않은 경우에도 (59iii)의 단계에서 ⟨φ, φ⟩로 표찰화된 α의 표찰이 (60)의 국면기억원리에 의해 상위국면인 γ의 단위에서도 계속 유지된다면, α의 표찰화를 위해 who가 α 내에서 결빙될 필요가 없고, 따라서 who는 계속 상위국면의 연산에 참여할 수 있게 되어, 결과적으로 ECP가 무시되는 잘못된 결론에 이르게 된다.

그러나 이러한 문제는, 위 (59)의 도출과정을 정확이 따라가면, 그 과정 속에서 자동적으로 해결책이 도출된다.

즉, 위 (57')의 도출에서는 종속절의 연산과정에서 (59iv)의 과정이 생략됨으로써 C의 삭제가 일어나지 않을 뿐더러 C의 국면성 (phasehood)도 계속 유지되기 때문에 종속절인 δ가 국면을 이룬다. 이 경우 δ의 국면에서 (59v) 단계의 양도가 적용되면, 양도의 대상은 국면 δ의 보충어인 α(=[α who T β])가 된다. α는 이미 (59i-iii)의 도출과정에서 ⟨φ, φ⟩로 표찰화되었으므로 양도 후 접합부의 해석을 받는데 아무런 문제가 없다. 따라서, 위 (57')의 도출이 주절인 γ의 국면에 이르면, 하위국면에서 이미 양도된 α(=[α who T β])는 γ의 국면에서 적용되는 연산에 비가시적이므로 α와 α에 내포되어 있는 who는 더 이상 상위국면 γ의 연산(내부병합)에 접근할 수 없다. 따라서, α에 내포되어 있는 *who*는 α의 표찰화를 위해 α의 지정어 위치로 이동한 후에 그 위치에서 결빙되는 기준결빙, 즉 정지의 문제가 야기된다. 그 결과, (57′)에서와 같이 종속절의 보문소인 *that*가 삭제되지 않은 경우는 언제나 ECP가 준수된다.

Chomsky(2015)의 이러한 주장을 Rizzi(2015)의 주장과 비교해 보면, 표찰화 과정에서 일치자질의 투사에 의해 발생하는 기준결빙, 즉 "정지의 문제"는 Rizzi(2015)에서는 위 (56)의 최대성조건 (maximality condition)에 의해 포착되나, POP+에서는 국면단위로 적용되는 양도(Transfer)의 연산에 의해 포착된다.

이상의 논의에서 우리는 POP+ 하에서 위 (57)의 구조와 관련하여 CP의 국면 내부에서 진행되는 (59)의 도출과정을 통해 ECP가 어떻게 준수되며, 또한 Rizzi(2015)에서 언급한 기준결빙, 즉 "정지의 문제"가 어떻게 포착되는지 자세히 살펴보았다. 그러면, 이제 위에서 언급한 바처럼 CP의 국면에 대한 이러한 분석이 방법론적 필연성 (methodological necessity)의 조건에 따라 (58)의 구조로 표현되는 v*P의 국면에 어떻게 도입될 수 있는지 살펴보자.

앞서 우리는 국면 CP와 v*P 사이에서 발견되는 경험적 차이는, CP의 국면에서는 주어인상(raising-to-subject)이라는 EPP-현상이 T의 매개변인화에 따라 달리 적용되는 언어개별적(language-particular)인 현상이지만, v*P의 국면에서는 동일한 EPP-현상인 목적어인상(raising-to-object)이 모든 언어에서 공통적으로 적용되는 언어보편적(language-universal)인 현상이고, 또한 CP에서의 주어인상과 v*P에서의 목적어인상이 의문사를 대상으로 할 경우에는 상위의 국면으로 연속적 순환이동을 계속 이어가야 하는 바, 이 때 영어와 같은 언어에서는 CP의 국면에서 보문소 *that*의 삭제가 일어날 경우에만 ECP가 무시되지만, v*P의 국면에서는 언제나 모든 언어에서 ECP가 무시된다는 것을 확인하였다.

그러면, CP의 국면에 대한 (59)의 분석법을 방법론적 필연성의 차원에서 v*P의 국면에 도입할 때 이러한 차이들이 어떻게 설명될 수 있는지 살펴보자.

먼저, EPP-현상과 관련한 CP와 v*P 간의 차이는 위 가정 (52iv)의 도입으로 쉽게 포착된다. 즉, (52iv)의 가정에 입각해, T는 일치의 풍부성(richness)에 따라 표찰화 가능성의 강도(strength)에 대해 매개변인화되지만, T 이외의 어근(root)을 이루는 실질범주들은 모든 언어에서 표찰화되기에는 "너무 약(too weak)"하다고 규정함으로써, CP의 경우에는 영어류의 언어에서만 EPP가 준수되나, v*P의 경우에는 모든 언어에서 EPP가 준수된다는 사실을 포착할 수 있다.

그러면, 이제 영어와 같은 언어에서는 CP의 국면에서 보문소 *that*의 삭제가 일어날 경우에만 ECP가 무시되지만, v*P의 국면에서는 언제나 모든 언어에서 ECP가 무시된다는 두 번째 차이는 POP+의 문법체계 하에서 어떻게 설명될 수 있는지 살펴보자.

위에서 우리는 CP의 국면에서 보문소 *that*의 삭제가 일어날 경우에 ECP가 무시되는 이유가 (59iv)의 단계에서 C가 삭제되면, T에 계승되었던 C의 국면성에 의해 T가 국면의 핵이 되므로 (59v)의 단계에서 양도의 연산에 의해 양도되는 대상이 새롭게 국면을 이룬 TP 전체가 아니라, 국면불가침조건의 효력에 따라 TP의 보충어에 국한됨으로써 TP의 지정어 위치에 나타나는 의문사는 상위국면의 연산에 계속 접근가능한 요소로 남아 있기 때문인 것으로 설명하였다. 그렇다면, 만약 위 (58)의 구조로 표현되는 v*P의 국면에서도 국면의 핵인 v*가 어떤 이유에서 연산에 비가시적인 요소가 된다면, (59i)의 단계에서 동사의 어근(root)인 R로 계승된 그것의 국면성이 활성화(activated)되어 α가 새로운 국면이 되고, (59v) 단계에서 양도되는 대상은 α가 아니라, α의 보충어인 β가 될 것이다. 이 경우, α의 지정어 위치로 목적어인상한 요소가 의문사라면, 이 의문사는 상위국면의 연산에 접근가능하므로 계속해서 자유롭게 연속적 순환이동을 수행할 수 있게 된다. 따라서, v*P의 경우에는, CP의 국면에서와 달리, 모든 언어에서 언제나 ECP가 무시되는 결과가 도출될 수 있다. 그렇다면, 문제는 v*P의 국면에서 국면의 핵인 v*가 어떤 연유로 모든 언어에서 연산에 비가시적인 요소가 되는가이다.

이 문제에 대해서 Chomsky(2015)는 다음과 같이 가정하고 있다.

(61) v*로의 R의 인상은 v*가 접사로서 R에 부착하는 [R-v*]의 결합을 만든다. 이 때 접사인 v*는 표찰화 연산공식에 비가시적이 된다.[61]

(Raising of R to v* yields an amalgam with v* adjoined to R, and the affix is invisible to the labeling algorithm.)

만약 (61)의 가정을 채택한다면, 이제 위 (58)의 구조를 갖는 v*P의 국면에서 R의 v*로의 인상이 v*를 R의 접사(affix)로 만드므로 v*는 모든 언어에서 표찰화 연산공식에 비가시적 요소가 된다. 따라서, (59i)의 단계에서 v*로부터 자질계승을 받을 때 그것의 국면성(phasehood)도 함께 계승받은 R이 새로운 국면의 핵이 되고 α가 새로운 국면이 된다. 따라서, (59v)의 단계에서 양도되는 대상은 위 (58)의 구조에서 α가 아니라 α의 보충어인 β가 될 것이다. 이 경우, α의 지정어 위치로 목적어인상한 요소가 의문사라면, 이 의문사는 상위국면의 연산에 가시적이므로 계속해서 자유롭게 연속적 순환이동을 수행할 수 있게 된다. 그 결과, v*P의 경우에는 CP의 국면과 달리 모든 언어에서 언제나 ECP가 무시된다는 것이다.

이로써 POP+ 하에서는 EPP와 ECP가 통합되며, CP의 국면에서 적용되는 (59)의 연산과정이 언어학습에서 직접적인 경험이 불가능한 이색적(exotic)인 구문으로 평가되는 v*P에도 동일한 방법으로 적용될 수 있음을 입증함으로써, Chomsky(2015)의 표찰화 이론은

---

61) POP+에 의하면, 어근인 R도 접사인 v*와 마찬가지로 표찰화 연산공식에 비가시적이지만, 이들이 함께 만드는 결합 [R-v*]는 표찰화 연산공식에 가시적이라고 주장한다. 이러한 주장에 의하면, 위 (58)의 구조에서 δ의 표찰은 [R-v*]가 된다

방법론적 필연성의 차원에서도 강력최소주의이론에 잘 부합한다. 그러므로 (52v)의 가정은 아래 (52′v)와 같이 일반화되어야 한다.

(52′) (v) C와 v*는 국면의 핵으로서 자질계승의 연산에 의해 각기 그들이 선택하는 실질요소 T와 R(=동사의 어근(verbal root))에게 그들의 자질과 국면성을 계승한다. 그 결과, C와 v*가 연산에 비가시적일 때는 T와 R이 국면을 이루는 핵이 된다.

그러나 표찰화와 관련한 이상과 같은 Chomsky(2015)의 주장에서 점검해야할 한 가지 심각한 문제는 (59)의 도출단계에서 발생하는 역순환성(counter-cyclicity)의 문제이다. 즉, (59)의 도출단계에 의하면, T가 C로부터 자질을 계승받기 위해서는 먼저 TP의 통사대상에 C가 외부병합(EM)에 의해 병합되어야 하고, 그 뒤 T가 C로부터 (59i)의 단계에서 자질을 계승받고, 그리고 난후 TP의 표찰화를 위해 (59ii)의 단계에서 적용되는 내부병합(IM)에 의해 TP에 내포되어 있던 관련 DP가 주어인상(raising-to-subject)을 하여 TP의 지정어 위치에 병합된다. 이 단계에서 적용되는 TP의 지정어 위치로의 주어인상은 이미 상위의 순환단위인 CP가 도출된 후 이미 지나간 하위 순환단위인 TP의 내부에서 일어나는 연산작용이므로 사실상 엄밀순환성조건(strict cycle condition)을 위반하는 역순환성의 문제를 낳는다.[62]

이 문제에 대한 해결책은 기존의 주장들에서 다양하게 제안되기도 했지만,[63] POP에서는 Chomsky(2008)의 주장을 받아들여 '연산은 국면단위에서 모두 한꺼번에 적용된다'는 가정으로 이러한 문제를 해결하고 있다. 즉, POP에서는 CP의 국면단위에서 C의 외부병합과, C로부터 T로 계승되는 자질계승과, 내부병합에 의한 TP의 지정어 위치로의 DP-인상(즉, 주어인상)까지 모두 동시에 적용된다고 봄으로써 이러한 역순환성의 문제를 원천적으로 해소하고 있다.

---

62) Chomsky(1973)는 엄밀순환성조건을 다음과 같이 정의하고 있다.

　(i) No rule can apply to a domain dominated by a cyclic node A in such a way as to affect solely a proper subdomain of A dominated by a node B which is also a cyclic node.

　이러한 엄밀순환성조건은 Chomsky(1993)에서는 '일반화변형에 의해 한 통사대상 A가 통사대상 B에 융합할 때 A는 B의 뿌리범주(Root)에 결합되어야 한다'는 소위 확장조건(extension condition)으로 발전하며, 그 뒤 Chomsky(2008)에서는 '협소통사부의 연산작용이 결코 도출과정에서 새로운 요소를 첨가하거나 삭제함으로써 그들이 적용되는 통사대상을 수정할 수 없다'는 소위 불변경조건(no-tampering condition)으로 확대된다. 사실상, 불변경조건은 강력최소주의이론(SMT)이 고수하는 최소의 연산(MC)에 기인하는 조건으로 여기에는 내포성조건(inclusiveness condition)과 확장조건(extension condition)이 포함된다.

63) 역순환성을 금지하는 확장조건(extension condition)의 위반을 피하기 위해서, Norvin Richards는 확장조건의 대안으로 확장조건의 개념을 약화시켜 '끼워넣기(tucking in)'까지도 허용하는 소위 '약확장조건(weak extension condition)'을 제안하고 있고, Epstein, Kitahara and Seely(2012)에서는 두 갈래 대체작용(binary substitution operation)인 병합의 개념을 약화시켜 세 갈래 대체작용(ternary substitution operation)까지도 병합에 포함시켜야 한다고 제안하고 있다. 사실상, 이러한 제안들은 모두 Chomsky(1999, 2004, 2008, 2013, 2015)의 소위 강력최소주의이론(SMT)에서 제안하는 국면단위의 도출단계에 심각한 역순환성의 문제가 야기된다는 사실을 함축하고 있다.

그러나, 이러한 해결책에도 문제가 있다는 것이 Samuel Epstein
에 의해 지적되었던 바, 외부병합(EM)은 국면단위로 한꺼번에 적용
되는 연산에 포함될 수 없다는 것이다. 즉, 국면을 구성하려면 외부병
합(EM)은 연산의 시작단계인 첫번째 통사대상의 도출에서부터 자유
롭게 순환적으로 적용되어야 한다. 이러한 주장을 더욱 확대하여 일
반화하면, '병합(즉, 외부병합(EM)뿐만 아니라 내부병합(IM)까지도)
은 순환적으로 적용된다'는 소위 순환병합(cyclic Merge)을 제안할
수 있게 된다. 이러한 순환병합에 의하면, 이제 TP에 C가 병합되기
전에 (59ii) 단계의 내부병합(IM)이 먼저 적용되어 TP에 내포되어 있
는 관련 DP를 TP의 지정어 위치에 병합(즉, 주어인상)하고, 그 뒤 C
가 외부병합(EM)에 의해 TP에 병합됨으로써 T에게 (59i) 단계의 자
질계승을 하는 것이라고 주장할 수 있게 된다. 이제 순환병합 하에서
는 모든 병합작용이 순환적으로 적용됨으로써 위에서 제기한 역순환
성의 문제는 해결된다.[64] 그러나 이러한 주장에서도 여전히 T가 C로
부터 일치자질을 계승받기도 전에 어떻게 T와의 일치관계를 형성하

---

64) 기존의 연구들에서 이러한 자유로운 순환병합을 제안하지 못한 이유는 여러 가지이지만,
그 첫 번째 이유는 양도(Transfer)의 연산이 복사(copies)와 반복(repetitions)을 구분
하기 위해서 내부병합(IM)의 적용 여부를 사전에 파악해야 한다는 것이었고, 두 번째는
모든 연산작용은 자질의 일치나 점검, 혹은 선택관계와 같은 특정한 요구가 있을 때만 적
용된다고 보았기 때문이다. (60)과 같은 Chomsky(2015)의 '국면기억원리(phase
memory principle)'에 의하면 모든 연산의 과정은 국면단위로 확인될 수 있고, 또한 아
래 (62)의 제안에 의해 그 결과 역시 국면단위로 평가 될 수 있기 때문에 더 이상 순환병합
에 대한 위와 같은 문제는 제기되지 않는다.

기 위해 관련 DP가 내부병합에 의해 TP의 지정어 위치로 인상될 수 있는가라는 새로운 문제가 제기된다. 그러나, POP+에서는 이러한 문제는 다음과 같은 '자유작용이론(free operation theory)'의 제 안으로 해결될 수 있다고 주장한다.[65)]

(62) 모든 연산작용은 자유로우며, 그 도출의 결과는 양도와 접합부의 해석을 위해 국면단위에서 평가된다. (Operations can be free, with the outcome evaluated at the phase level for transfer and interpretation at the interfaces.)

(62)의 가정을 채택한다면, 위 (59)에서 제시한 도출의 단계가 수

---

65) (62)의 '자유작용이론'은 Chomsky(1999, 2004)의 '자유병합이론(free Merge Theory)'과 맥을 같이 한다. 자유병합이론에 의하면, 병합은 그 적용에 있어서 아무런 약정제약(stipulated restrictions)도 가해지지 않으며, 또한 투사도 만들지 않으며, 불변경조건(NTC)(즉, 확장성조건과 내포성조건)의 위반도 초래하지 않고, 오지 두 통사대상을 순차적이며 반복적으로 결합함으로써 계층적 구조를 갖는 "필수구구조(bare phrase structure)"만을 생성한다. 또한 이러한 자유병합이론은 역순환적 병합을 허용하지 않는 순환병합(cyclic Merge)과, 병합은 무한계적으로 반복 적용된다는 무한계병합(unbounded Merge)의 개념을 내포한다.
(62)의 전반부는 앞선 (52vi)의 기본가정이고, 후반부는 Chomsky(1999)의 국면해석 평가원리(principle of interpretation/evaluation for phase)에 그 기원이 있다. 이제 (62)의 자유작용이론 하에서는 병합의 연산이 아무 제약도 받지 않고 자유롭게 적용될 수 있으므로, 병합하는 요소의 자유로운 선택에 따라 그 병합이 의미역적 형상구조를 만드는 외부병합(EM)이 될 수도 있고, 전위(displacement)를 야기하는 내부병합(IM)도 될 수 있다. 즉, 자유작용이론 하에서는 외부병합과 내부병합이 하나의 연산작용(병합)으로 통합된다.

정되거나 순서가 바뀌어야 하는데, 그 결과를 아래 (63)의 구조를 갖는 v*P 국면을 통해 살펴보면, 다음 (64)에서처럼 된다. ((63)에서 t 는 DP의 하위 복사(copy)임.)

(63) [v* [$_a$ DP [R [$_\beta$ t ....]]]]

(64) (i) R의 내부병합에 의한 통사대상 {R, β}의 형성 (Form {R, β} by EM)

(ii) α 내부에서의 DP의 내부병합(EPP) (IM of DP in α (EPP))

(iii) v*의 병합, 국면단위의 형성 (Merge v*, reaching the phase level)

(iv) 자질의 계승(Inheritance)

(v) ⟨φ, φ⟩로의 α의 표찰화(Labeling; α is labeled ⟨φ, φ⟩)

(vi) R의 v*로의 인상 (R raises to v*)[66]

(vii) β의 양도(Transfer of β)

위 (64)의 분석은 C의 삭제 여부와 상관없이 CP의 국면에서도 똑같이 적용될 수 있다.[67] 따라서, 이러한 분석은 방법론적 필연성

---

66) Chomsky(2015)의 주장에 의하면, (64vi)의 결과로 v*가 R에 접사(affix)가 되는 [R-v*]의 결합(amalgam)이 만들어지고, 그 결과 v*는 연산에 비가시적(invisible)이 되고, 그 국면성(phasehood)은 R의 복사(copy)에서 활성화된다. 이 때 DP가 국면의 외곽인 제자리에 그냥 머물러 있기 때문에 DP가 의문사이라면 차상위국면의 연산에 접근가능하게 된다. 또한, 이 도출과정은 CP의 국면에서는 C의 삭제(C → Ø)에 해당한다.

(methodological necessity)을 잘 충족하고 있다는 점에서 그 보편 문법적 타당성이 인정된다.

이상의 논의에서 살펴본 바와 같이, POP+에서는 POP에서 제안한 표찰화의 이상적인 아이디어를 새로운 영역에까지 확대·적용함으로써 CP의 주어가 갖는 특수성들-즉, EPP와 ECP-이 별개의 독립적인 현상이 아니라 T의 일치 풍부성(agreement richness)에 대한 간단한 매개변인화를 통해 동일한 표찰화에 기인하는 동일 현상의 양면임을 밝혀내고, 이러한 분석을 '방법론적 필연성(methodological necessity)'의 원리에 따라 또 다른 국면인 v*P에까지 그대로 적용될 수 있음을 논증하고 있다. 이러한 논증은 POP/POP+의 표찰화 문법 체계가 최단순의 연산작용(simplest computational operation)인 '병합(Merge)'과 (7iii)/(9iii)의 요인에 기인하는 일반원리인 '최소의 연산(MC)' 지향하는 강력최소주의이론(SMT)에 매우 잘 부합하는 문법체계임을 입증하고 있다.

---

67) 통사대상이 표찰을 필요로 하는 이유를 Chomsky(2008)에서는 병합에 의해 도출된 통사대상이 계속되는 협소통사부의 연산에 참여하기 위함으로 보나, POP/POP+에서는 통사대상이 접합부(interfaces)에서 적절한 해석을 받기 위해서라고 본다. 따라서, 전자는 표찰화가 국면단위에 적용되는 연산 이전에 적용되어야 한다고 보고, 후자는 국면단위의 연산이 모두 적용되고 난 후 그 도출이 접합부로 양도(transfer)되기 전에 일어난다고 본다. 이러한 표찰화의 적용 시점의 차이가 결과적으로 위 (62)의 자유작용이론(free operation theory)과 (64)의 도출단계의 제안에 중요한 단초를 제공한다.

1. 과제의 분석과 대안의 모색

POP/POP+에서도 차후의 연구와 더 나은 발전을 위하여 여전히 강력최소주의이론(SMT)의 관점에서 해결하여야 할 많은 의문과 과제들이 제기될 수 있는데,[68] 그 첫 번째가, Chomsky(2015)에서도 간략히 언급하고 있기도 하지만, 바로 (64vi)의 단계와 연관되는 핵인상(head-raising)의 문제이다. POP+에 따르면, (64)는 협소통사부(narrow syntax)에서 진행되는 연산의 단계이므로 (64iv)의 단계에서 일어나는 'R의 v*로의 인상'도 당연히 협소통사부의 작용이다. 이와 같이, 핵인상이 협소통사부의 작용이라면, Daniel Seely의 지

---

68) Chomsky(2013, 2015)까지도 새로운 영역으로 나아가는 개척은 언제나 해결하고 설명해야 할 수많은 복잡성과 문제들을 함께 갖는다고 고백하고 있다.

　(i) Chomsky(2013: 48): "The cases discussed here leave many questions open, and there remain a substantial array of others, well beyond the hints here, that require analysis and explanation."

　(ii) Chomsky(2015: 48): "There are, as always, innumerable complications to be dealt with when we seek to move beyond into new territory."

적에서처럼, 주어-술어구문(subject-predicate construction)인 CP의 국면(⟨C, {DP, TP}⟩)에서 왜 C로 핵인상하는 핵이 DP의 핵인 D는 안되고 오직 TP의 핵인 T만이 가능한지에 대한 대답을 제공할 수 없다. 이러한 문제는 위 (64)의 도출단계를 거치는 v*P의 국면 (⟨v*, {DP, RP}⟩)에서도 마찬가지로 제기된다. 이러한 문제 제기는 위 (64)의 도출단계에서 (64ii) 단계의 DP-인상이 (64iii)의 v*의 병합, (64iv)의 자질의 계승(Inheritance), 그리고 (64vi)의 R의 v*로의 인상 (R raises to v*)이 차례로 일어나고 난 뒤 적용된다면 발생하지 않는다. 그러나 이러한 수정은 앞서 언급한 역순환성의 문제에 다시 봉착하는 진퇴양난에 빠진다.

사실상, 최근 Chomsky(2013)의 POP에 이르기까지도 강력최소주의이론에서는 V-to-v*, v*-to-T, T-to-C, N-to-D 등의 핵인상(overt head-raising)을 협소통사부의 작용이 아니라 음운부의 작용인 감각운동접합부의 외현화(SM externalization)로 보아왔다. 그 이유는 핵인상은 어순에는 영향을 미치지만 의미해석상으로는 전혀 영향을 미치지 않기 때문이었다. Jean-Yves Pollock의 동사-인상 (V-raising)에 대한 분석에서도 동사는 그것이 인상되든 아니든 동일한 해석을 갖는다는 사실을 확인하였다. 따라서, 핵인상으로 야기되는 언어 간의 어순 차이는 언어개별적 문법작용인 감각운동접합부의 외현화로 취급함으로써 협소통사부의 연산에 복잡성을 피할 수 있으며, 또한 언어 간 동일한 의미표상(SEM)의 설정으로 개념의도접합부

(CI-interface)의 부담을 최소화할 수 있게 된다.

그럼에도 불구하고, 핵인상이 협소통사부의 작용이라는 주장도 역시 여러가지 증거를 갖는다. 즉, 핵인상은 R→v*→T→C와 같이 연속적 순환성을 가지며, (64vi)의 'R의 v*로의 인상(R-to-v* raising)과 같은 어근의 인상(R-raising)은 어근의 범주화(root-categorization)에 기인하는 작용으로 모든 인간의 언어에서 보편적으로 발생하는 문법현상이라는 것이다. 보편적인 문법현상은 언어보편적 문법체계인 협소통사부의 연산에 기인하는 것으로 보아야 한다.[69]

결과적으로 POP+에서는 (64vi)의 'R의 v*로의 인상'과 같은 어근의 범주화(root-categorization)를 위한 어근의 인상(R-raising)은 위 (52iv)의 가정에 근거하여 협소통사부의 작용으로 인정하지만, 그 이외의 모든 핵인상이 협소통사부의 작용인지, 아니면 감각운동접합부의 외현화 작용인지의 문제는 차후에 논의되어야 할 여러 다른 문제와 함께 미해결의 과제로 남기고 있다.[70]

POP+에서 고려해야 할 또 다른 과제는 위 (64ii)의 도출단계와 관련해서 제기된다.

---

69) 앞선 (10)에서 제시한 Chomsky(1999)의 획일성원리(uniformity principle) 참조.

70) 어근의 범주화(root-categorization)를 위한 'R의 v*로의 인상(R-to-v* raising)'과는 달리 'C로의 T의 인상(T-to-C raising)'은 감각운동접합부의 외현화(SM-externalization)인 'V-둘째 현상(V-second phenomena)'의 작용으로 볼 수 있다.

먼저, 위 (57′)의 예문을 다시 살펴보자.

(57′) [ᵧ who do you v* [ₑ think [₈ C [ₐ *t* T *β*]]]]

위 (64)의 도출단계에 의하면, (57′)에서 *who*가 주절의 문두로 인상되기 전에 *think*의 목적어인 *δ*는 *ε*의 지정어(SPEC) 위치로 인상이 되고, *think* 역시 어근(root)으로서 v*에로 인상되어야 한다. 그렇다면, 이 경우 *ε*의 표찰은 어떻게 결정되어야 하는가? *δ*는 문장으로서 관련 일치자질을 갖지 못하고, *think*의 복사(copy)는 어근의 복사로서 표찰이 되기에는 "너무 약(too weak)"하다. *ε*가 표찰을 갖지 못하면 (57′)의 도출은 접합부에서 해석을 받지 못해 파산(crash)된다. 이러한 문제점을 해결할 수 있는 방법은 Chomsky(2015)의 제안에서처럼 EPP의 효과인 주어인상(raising-to-subject)/목적어인상(raising-to-object)을 유발하는 (64ii) 단계의 적용은 선택적(optional)인 것으로 표찰화에 의해 요구될 때만 적용된다고 가정하는 것이다. 그러나, 이러한 가정을 채택하면 위 (57′)에서 *think*의 목적어인 *δ*는 인상되지 않고 제자리(in-situ)에 머물 수 있지만, 이후 *think*가 v*로 인상하면 *think*의 복사(copy)는 표찰화 연산공식(LA)에 비가시적이므로 투사 *ε*는 핵이 없는 투사로서 제거되거나, 아니면 표찰화 연산공식에 가시적인 *δ*의 핵인 C가 *ε*의 표찰이 되어야 하는 또 다른 문제가 발생한다. 사실상, 앞서 살펴본 POP+의 주장에 의하면, 동사는 (64vi)의 'R의 v*로의 인상(R-to-v* raising)' 단계에서 v*로 인상한 후에도 그것의 복사는 국면성을 물러 받은 국면의 핵으로서 역할을 하며, ε는 국면을 이루는 투사의 역할을 수행하여야 한다. 따라서 ε는 제거될 수도 없고, 또한 δ의 핵인 C가 ε의 표찰이 되었어도 안 된다. 그렇다면, 결과적으로 (57′)에서 표찰이 되기에 "너무 약(too weak)"한 어근인 *think*의 복사를 핵으로 가지는 ε는 표찰을 가질 수 없어 (57′)의 도출은 접합부에서 해석을 받지 못해 파산(crash)되어야 하는 문제가 여전히 해소되지 않는다.

　사실상, 이러한 문제는, POP+의 주장과는 달리, C-삭제(C-deletion)가 일어나지 않는 절(CP)의 경우는 그것의 핵인 C가 국면의 핵으로 일치자질을 갖기 때문에 DP와 마찬가지로 EPP의 효과에 의해 주어나 목적어 위치로 인상되어 관련 어근(T나 R)과 일치를 이루어 그 {CP, ε}의 통사대상에게 〈ϕ, ϕ〉의 자질을 부여한다고 가정한다면,71) 오히려 깔끔히 해소될 수도 있다. 즉, 이러한 가정 하에서는 위 (57′)에서 *who*가 주절의 문두로 인상되기 전에 *think*의 목적

---

71) 필자의 이러한 가정은 다음과 같은 경험적 현상에 의해 입증된다.

　　(i) a. [That you heard about Roger] surprises me.

　　　b. [That my mother was safe] came as a relief.

　　(ii) a. Jeff believes [that John will paint the car].

　　　b. Jeff believes it.

　　즉, (i)에서는 C-삭제가 일어나지 않는 절(CP)인 *that*-절이 T와 일치를 이루는 TP의 지정어 위치에 나타나고 있으며, (ii)에서는 동사의 목적어 위치에서는 *that*-절의 대체형(pro-from)으로 DP인 대명사 *it*가 나타날 수 있음을 보여주고 있다.

어인 δ는 (64ii) 단계의 EPP의 효과에 의해 ε의 지정어(SPEC) 위치로 인상이 된다. 이 경우, δ는 상위 순환단위의 연산작용인 'ε의 지정어(SPEC)로의 인상'에 참여하기 전에 국면으로써 그것의 보충어인 α를 이미 양도한 상태인 [δ C]의 구조를 갖는다. 따라서 α의 지정어 위치에 있는 의문사 *who*는 더 이상 상위 순환단위의 연산에 참여하지 못하게 됨으로써 '기준결빙(criterial freezing)'의 효과, 즉 '정지의 문제(halting problem)'가 유발된다. ε의 지정어(SPEC) 위치로 인상이 된 이후 δ(=[δ C])는 (64v)의 도출단계에서 *think*와 일치를 이루어 {δ, ε}의 표찰을 ⟨ϕ, ϕ⟩로 결정한다.[72] 이후 *think*가 (64vi)의 단계에서 v*에로 인상되면, {δ, ε}는 국면의 역할을 담당하고, ε의 보충어인 δ의 복사 역시 (65vii)의 도출단계에서 양도(transfer)되어 국면 v*P의 연산이 마감된다.

이제, 위 (64i)의 연산과 관련되는 문제를 고려해 보자. (64i)의 단계에서 병합되는 어근(R)이 T인지 아니면 동사적 어근(verbal root) V인지에 따라 다음과 같은 두 가지 국면이 도출된다.

(65) (i) [ᵪ C [ₐ DP [R(=T) [ᵦ t ....]]]]

    (ii) [ᵪ v* [ₐ DP [R(=V) [ᵦ t ....]]]]

즉, (65i)는 CP의 국면이고, (65ii)는 v*P의 국면이다. POP+에 따

---

72) 사실상 이 경우에도 투사 ε 자체는 여전히 표찰이 부여되지 않은 채 남는다.

르면, 이 두 국면은 방법론적 필연성(methodological necessity)의 원리 하에서 둘 다 동일하게 위 (64)의 도출단계를 거쳐 생성된다. 여기서의 문제는 (64i)의 도출단계에서 어근 R의 내부병합에 의해 도출되는 통사대상 {R, β}에 대한 표찰화는 두 국면의 도출과정에서 끝내 이루어지지 않는다는 것이다. 요컨대, 위 (52)의 가정에 의하면, 실질요소인 어근(R)은 표찰화 연산공식에 가시적(visible)이지만 표찰이 되기에는 "너무 약(too weak)"하므로 (64vi)의 도출단계를 통해 관련 기능요소와 병합되거나, 아니면 (64ii)의 도출단계를 통해 명사적 요소와 일치를 이룸으로써 그 통사대상의 표찰이 결정된다. 하지만, 이러한 도출 과정을 거쳐 표찰화되는 통사대상은 사실상 위 (65i-ii)의 도출에서 각기 γ와 α에 해당하는 통사대상이다. 그러므로, 통사대상 {R, β}의 표찰은 이러한 도출 과정에서도 여전히 결정되지 못한 채 남는다. 이러한 도출 과정에서 변화가 있다면 통사대상 {R, β}에서 R이 (64vi)의 도출단계를 거쳐 R의 하위 복사(copy)로 남아있다는 것이다. 이 경우, {R, β}의 표찰이 결정되지 않은 상태가 감각운동접합부의 해석(외현화)에서는 큰 문제가 되지 않는다. 왜냐하면, 최소연산의 원리에 의해 감각운동접합부에서는 복사의 삭제(copy-deletion)가 일어나기 때문이다. 복사가 삭제되면 그것의 투사도 삭제되기 때문에 결과적으로 {R, β}은 다시 {β}로 복원된다. 그러나 문제는 계념의도접합부의 해석이다. 계념의도접합부에서는 복사가 삭제되지 않으므로 {R, β}는 여전히 표찰이 결정되지 않은 투사로 남아있고, 따라서 그 도출은 해석을 받을 수 없어 파산(crash)에 이른다. 이러한 문제를 해결하기 위해서는 다음과 같은 추가적인 가정이 요구된다.

(66) 어근(R)의 복사인 α는 양도의 과정에서 삭제된다. (α deletes in Transfer iff α is the copy of R.)

그러나, (66)과 같은 추가적인 가정은 POP+ 하에서는 또 다른 문제를 야기한다. 왜냐하면, POP+의 주장에 의하면, (64vi)의 도출단계 이후에 C 혹은 v^*가 연산에 비가시적(invisible)이 되면, {R, β} 속에 남아있는 R의 복사(copy)가 그 국면성(phasehood)을 물려 받아 국면의 핵으로서의 역할을 담당하여 {R, β}를 국면으로 해석될 수 있게 해야 하기 때문이다. 그러므로, POP+ 하에서는 (66)의 대안으로 다음과 같은 특정약정(ad hoc stipulation)을 설정할 수도 있다.

(67) β에로의 어근(R)의 내부병합은 {R, β}의 통사대상이 아니라 단순한 연결체 R-β을 형성한다. (The external Merge of R to β forms the simple concatenation R-β rather than the new SO {R, β}.)[73]

---

73) POP+에서는 위 (67)과 같은 특정약정을 설정하고 있지는 않지만, 사실상 (64i)의 과정을 다음과 같이 표현함으로써 이러한 특정약정이 배경에 있음을 암시하고 있다.
(i) Form R-β by EM

이제, (67)에 의하면, 어근 R의 내부병합은 더 이상 {R, β}와 같은 새로운 통사대상(SO)을 만들지 않기 때문에 표찰화의 문제를 일으키지 않는다. 그러나, 이 경우에는 연결체 R-β의 실체가 무엇이며, R-β가 독립적인 투사를 이루지 못함으로써 사실상 핵의 기능을 수행하지 못하는 R이 또한 어떻게 T나 v*로부터 자질을 계승받으며, EPP에 의해 내부병합된 DP와의 일치를 통해 ⟨ϕ, ϕ⟩로의 표찰화에 동참할 수 있는지, 그리고 이후에 어떻게 국면성을 물려받은 핵으로서 국면을 이룰 수 있는지, 또한 R과 함께 R-β의 연결체를 이룬 β는 어떻게 (64vii)의 단계에서 독립적으로 양도될 수 있는지 등, 여러 후속적인 결과에 대한 면밀한 검토가 필요하다.

POP+에서 고려해야 할 또 다른 심각한 문제는 간접의문문에서 발생하는 소위 의문사의 "정지의 문제(halting problem)"이다. 이와 관련하여 위 (54)의 예문을 다시 살펴보자. (54)를 다음의 일련번호로 재인용한다.

(68) *[$_\beta$ *which dog* do you wonder [$_\alpha$ *t* [$_\gamma$ C$_Q$ John likes *t′*]]]

위의 예문이 합법적인 도출이 되기 위해서는 그 도출과정에서 *which dog*이 더 이상 인상되지 않고 그것의 복사 *t*가 있는 α의 지정

그러나 이러한 특정약정은 사실상 '병합은 기존의 두 통사대상을 결합하여 더 큰 단위의 통사대상을 도출한다'는 병합의 기본 개념에 심각한 반례가 된다.

어 위치에 그냥 머물러야 한다. 소위 이러한 머묾의 현상이 Rizzi(2015)에서 소위 "정지의 문제(halting problem)"라 일컫는 기준결빙(criterial freezing) 현상이다. 이 경우의 문제는 표찰화와 관련해서 왜 *which dog*이 α의 지정어 위치로 내부병합(IM)에 의해 인상되어야 하고, 그리고 이 자리에 계속 머물러야 하는가이다. 사실상 γ의 핵인 C_Q는 국면의 핵으로서 표찰화 연산공식에 가시적인 기능요소(functional element)이므로, 위 (64ii) 단계에서 주어인상 (raising-to-subject)과 목적어인상(raising-to-object)을 야기하는 EPP의 경우와 달리, *which dog*의 인상과 일치의 관계에 의존하지 않고도 단독으로 γ의 표찰이 될 수 있다. 그렇다면, 왜 *which dog*이 α의 지정어 위치로 반드시 인상되어야 하고, 그리고 이 자리에 반드시 머무는 "정지의 문제"를 낳는가?

이러한 문제에 대해서 POP+에서는 다음과 같은 가정으로 대답하고 있다.

(69) (ⅰ) 표찰화는 단순히 자질상의 대조가 아니라 쌍을 이루는 핵들 간의 일치를 요구한다. 그리고 일치는 언제나 값을 갖는 자질과 갖지 않는 자질의 쌍에 대해 이루어진다. (Labeling requires not just matching but agreement of the paired heads, and agreement holds for a pair of features 〈valued, unvalued〉.)

(ⅱ) C의 Q-자질은 값을 가지나, 그것의 상대적 자질인 wh-구의 Q-

자질은 값을 갖지 않는다. 따라서 wh-구가 접합부에서 해석되기 위해서는 통사적 구조상에서 일치를 통해 값을 부여받아야 한다. (The Q-feature of C is valued, so the corresponding feature of a wh-phrase must be unvalued, its interpretation as relative, interrogative, exclamative determined by structural position.)

즉, 위 (66)의 가정에 의하면, 위 (65)의 도출에서 *which dog*이 α의 지정어 위치로 내부병합(IM)에 의해 반드시 인상하여야 하는 이유는 *which dog*이 의문사(interrogative)로서 일치를 통해 그것의 Q-자질에 대한 값을 부여받기 위함이다. 이러한 인상의 동기는 그 자체로는 표찰화와 무관할 뿐만 아니라, (64ii) 단계의 주어인상(raising-to-subject)이나 목적어인상(raising-to-object)과 같은 표찰화를 위한 EPP의 효과도 아니다.[74] 다만, 그 결과만이 합법적인 표찰화에 기여한다. 즉, 위 (62)의 도출이 합법적인 도출이 되기 위해서는 반드시 α가 간접의문문의 표찰인 〈Q, Q〉의 표찰을 가져야 하는데, 이러한 표찰은 *which dog*이 α의 지정어 위치로 인상되고, 상위국면의 연산이 진행될 때까지 이 자리에 머물러 그것의 Q-자질이

---

74) 표찰화와 관련되는 (64)의 도출과정이 간접의문문의 경우에는 유지될 수 없다. 따라서 간접의문문과 관련되는 표찰화는 (64)의 도출과정과는 전혀 다른, (69)의 가정에 의존한 또 하나의 새로운 도출과정을 전제하여야 한다. 이는 방법론적 필연성(methodological necessity)의 차원에서 최단순 병합(simplest Merge)과 최소의 연산(MC)을 지향하는 강력최소주의적 정신(SMT spirit)에 심대한 손상이 된다.

C의 Q-자질과 일치를 이룰 때만이 가능하다. 따라서, (68)의 문장이 접합부에서 수렴되는 합법적인 도출이 되기 위해서는 그 도출과정에서 *which dog*이 자질상의 일치를 위해 반드시 α의 지정어 위치로 인상되어야 하고, 또한 합법적인 표찰화를 위해 반드시 그 자리에 결빙되어야 하는 "정지의 문제"를 낳아야 한다. ⟨Q, Q⟩의 쌍을 이루는 표찰을 유지하기 위해 발생하는 이러한 "정지의 문제"는 사실상 (64)의 도출단계에서 발생하는 "정지의 문제"와는 완전히 다른 특성을 갖는다. (64)의 도출단계에서 발생하는 "정지의 문제"는 ECP와 관련되는 결빙 현상으로, POP+에서는 관련 통사대상이 더 이상 상위국면의 연산에 참여하지 못하고 하위국면의 제자리에 결빙되는 이유가 해당 통사대상(주어)을 포함하는 투사(TP)가 양도(Transfer)의 연산에 의해 접합부로 양도됨으로써 더 이상 상위국면의 연산에 가시적이지 않기 때문이다. 이와 같이 POP+에서는 표찰화와 관련되는 기준위치(criterial position)에서 발생하는 "정지의 문제"를 두 가지 다른 요인으로 분석하고 있다. 즉, ⟨Q, Q⟩의 경우에는 선택제약(selectional restriction)의 결과로, ⟨φ, φ⟩의 경우에는 양도(Transfer)의 결과로 분석한다. 만일 "정지의 문제"가 일괄적으로 일치자질의 일치를 통한 기준위치(criterial position)의 표찰화에 기인하는 결빙 현상으로 분석될 수 있다면, 더 이상 기능요소 C와 v*로부터 실질요소인 어근(R)로 전달되는 국면성의 계승도, 이러한 계승을 통한 새로운 국면의 형성도, ECP의 효과를 양도의 결과로 분석하

는 새로운 접근도 모두 불필요한 가정이 된다. 또한 이러한 가정을 바탕으로 제시되었던 (64)의 도출단계도 최단순 병합(simplest Merge)과 최소의 연산(MC)을 지향하는 강력최소주의이론에서 제거되어야 하는 불필요한 특수약정(stipulation)으로 남는다.

사실상, 내부병합(IM)을 통한 XP의 연속적 순환이동의 과정에서 {XP, YP}의 대칭구조(symmetric structure)에 역동적 반대칭(dynamic anti-symmetry)의 원리가 작동하지 않고 XP의 연속적 순환이동이 멈추는 "정지의 문제"를 Chomsky(2013)와 Rizzi(2015)에서는, Rizzi(2010)의 제안을 받아들여, {DP⟨Q⟩, CP⟨Q⟩}와 {DP⟨φ⟩, TP⟨φ⟩}의 통사대상에서처럼 의문자질(Q)이나 파이자질(φ-features)과 같은 일치자질 간의 일치가 일어나는 소위 기준위치(criterial position)에서 적용되는 표찰화의 결과, 즉 기준결빙(criterial freezing)의 현상으로 보았다. 이러한 주장은 {DP⟨Q⟩, CP⟨Q⟩}와 {DP⟨φ⟩, TP⟨φ⟩}의 통사대상에서 발생하는 "정지의 문제"를 동일한 현상으로 분석하고 있다는 차원에서 장점이 있다. 또한 Rizzi(2015)에서는 이러한 "정지의 문제"를 일괄적으로 위 (56)의 '최대성조건(maximality condition)'으로 포착하고 있다는 점에서 높은 기술적 일반성(descriptive generalization)에 이르고 있다.[75] 다만,

---

75) Rizzi(2015)의 핵심적 주장을 간략히 소개하면 다음과 같다. 아래 예문을 고려해 보자. (*t* 는 이동한 의문사의 복사(copy)이다.)

   (i) a. *[$_\beta$ *who* do you wonder [whether-C$_Q$ [$_\alpha$ *t* [$_\gamma$ T [$_{v*P}$ likes the dog]]]]]
      b. *[$_\beta$ *which dog* do you wonder [$_\alpha$ *t* [$_\gamma$ C$_Q$ [$_{TP}$ John likes *t*']]]]

Chomsky(2013)와 Rizzi(2015)에서는 C의 삭제(C→∅)가 일어나는 CP와 R-to-v*의 인상(R-to-v* raising)이 일어나는 v*P 내부에서는 왜 "정지의 문제"와 같은 기준결빙의 현상이 발생하지 않는지에 대해선

Rizzi(2015)에 의하면, 먼저 (ia)의 예문에서는 *who*가 *t*의 자리에 머물 때 하위 국면인 α 의 표찰이 *who*과 T의 일치자질인 [Subj]에 의해 [Subj]로 결정된다고 본다. 또한, (ib)의 경우에는 *which dog*이 *t*의 자리에 머물 때 하위 국면인 α의 표찰이 *which dog*과 C_Q의 일치자질인 Q에 의해 Q로 결정된다고 본다. 이 때 α의 구조표현은 각기 다음과 같다.

(ii) a.

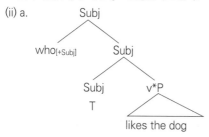

b.

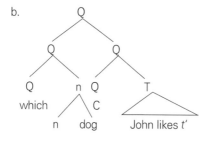

이러한 구조표현에서 *who*나 *which dog*이 상위로 인상되면, Rizzi(2015)는 다음 (iii)과 같은 소위 '최대성조건(maximality condition)'을 위반하게 되므로 (i)와 같은 예문들의 도출이 차단된다고 주장하고 있다.

(iii) 구범주의 이동은 주어진 표찰을 갖는 최대의 대상에만 적용된다. (Phrasal Movement can only involve maximal object with a given label.) (본서 (56) 참조.)

별도의 가정을 설정하지 않고는 설명하지 못하는 또 다른 부담을 안고 있다.

POP+에서 해결해야 할 또 다른 과제는 내부병합(IM)에 의한 XP의 연속적 순환이동(successive cyclic movement)과 관련되는 문제이다. 먼저, 위 (58)의 예문을 다시 고려해 보자. 아래 일련번호로 다시 인용한다.

(70) [$_χ$ who do you v* [$_ε$ think Ø [$_α$ t T β]]]] ("who do you think read the book")

이 예문은 종속절의 보문소 *that*의 삭제가 일어난 경우로, 위의 관련 논의에 의하면, 종속절 CP의 국면에서는 위 (59)의 도출과정을 통해 α가 새로운 국면의 역할을 담당하게 되고, 이러한 결과로 인해 의문사 *who*는 (59v) 단계의 양도(Transfer) 후에도 새로운 국면의 외곽(edge)인 t의 위치에 그대로 남게 되고, 따라서 상위국면의 연산에 접근가능하게 되어 계속적으로 연속적 순환이동을 수행할 수 있다. 이 경우, *who*가 이동할 다음 단계의 기착지(landing site)는 어디인가? 단적으로 주절 CP의 지정어 위치는 아니다. 왜냐하면, 주절의 v*는 국면의 핵으로서 그것이 외부병합(EM)에 의해 ε에 병합될 때 새로운 중간국면 v*P가 형성되기 때문이다. 이때, 이 v*P의 국면에서 연산이 끝날 때까지 의문사 *who*가 t의 자리에 머무는 한, v*P의 국면단위에 적용되는 양도(Transfer)의 연산에 의해 α가 양도될 때 그 속에 포함되는 *who*도 함께 양도되므로, *who*는 더 이상 상위국면(CP)의 연산에 참여할 수 없다. 한 국면의 보충어나 그 보충어에 내포되는 요소가 상위국면의 연산에 참여할 수 없는 양도의 효과를 '국면불가침조건(PIC)'이라 한다. 따라서, *who*는 국면불가침조건을 충족하면서 주절 CP의 연산에 참여하기 위해서는 이 v*P의 국면에서 연산이 끝나기 전에 주절 CP의 연산에 접근 가능한 v*P의 외곽으로 일단 중간 이동을 하였다가 주절 CP의 연산이 진행될 때 최종 기착지인 주절 CP의 지정어 위치로 다시 이동하는 '연속적 순환이동'을 수행해야 한다. 그러면, 이렇게 *wh*-구의 연속적 순환이동에서 단순히 탈출구(escape hatch)의 역할을 수행하는 v*P의 외곽은 어디인가? Chomsky(1999. 2004, 2008)에서는 *wh*-이동의 중간 경유지는 v*P의 외곽지정(outer SPEC)으로 보았다. 그러나, 이러한 이동은 이미 Chomsky(2004. 2008)에서 주어인상(raising-to-subject)과 관련하여 또 다른 역순환성(counter-cyclicity)의 문제를 야기한다는 사실이 밝혀졌을 뿐만 아니라,76) 더욱이 POP+에서는 표찰화를 위

---

76) 여기서의 역순환성은 v*P의 외곽지정어(outer SPEC) 자리에 위치한 *wh*-구가 v*P의 내부지정어(inner SPEC) 자리에 위치한 주어(subject) 보다 그 다음 순환단위인 TP의 핵인 탐침자 T에 더 가까우므로 TP 지정어 위치로의 주어인상에 소위 방해효과 (intervention effect)가 야기되는데, 이러한 방해효과를 피하기 위해서 TP 지정어 위치로의 주어인상은 그 다음의 순환단위 CP에서 *wh*-구가 CP의 지정어 위치로 이동하고 난 뒤에 적용되어야 한다는 것이다. 이러한 역순환성의 문제를 해결하기 위해서 Chomsky(1999)에서는 '국면해석평가원리(principle of interpretation/evaluation

한 파이자질이나 Q-자질의 일치관계가 아닌, 단순히 기능범주의 외곽자질(edge-feature: EF)에 의한 내부병합은 존재하지 않는다고 가정한다.77) 그러나 POP+ 하에서는 이러한 역순환성의 문제도, 기능범주의 외곽자질에 의한 내부병합의 문제도 모두 회피할 수 있는 또 하나의 훌륭한 중간 경유지의 후보가 존재하는데, 그곳이 바로 위 (70)의 구조표현에서 ε의 지정어 위치이다. 이 위치는 *think*가 v*로부터 자질을 계승받을 때 국면성까지 함께 물려 받아 위 (64vi)의 도출단계 이후에 ε가 새로운 국면이 되므로 국면의 외곽(edge)으로서 상위국면의 연산에 접근가능한 위치가 된다. 그러나 이러한 제안에도 한 가지 집고 넘어가야 할 의문이 제기될 수 있는데, 그것이 바로 ε의 지정어 위치는 전통적으로 논항의 위치(A-position)로 가정해 왔고, POP+에서는 파이자질의 일치를 통한 EPP가 충족되는 위치로 본다는 점이다. 물론, 동사의 목적어나 인상구문에서 목적어인상(raising-to-object)을 수행하는 DP가 의문사라면, 이 자리를 경유하여 상위 CP의 지정어 위치로 이동하는 것은 당연하다. 왜냐하면, 이 위치에서 *think*와의 일치를 통해 격의 섬검과 함께 ε의 표찰을 결정할 수 있기 때문이다. 그러나, 위 (70)의 구조에서는 *who*는 이미 α

---

for phase)'을, Chomsky(2008)에서는 '평행이동(parallel movement)'의 가설을 제안하고 있다.

77) 사실상, POP+에서는 Chomsky(2008)에서 자질의 일치와는 독립적인 순수 EPP-효과(pure EPP-effect)를 포착하기 위해 제안한 소위 '외곽자질(edge-feature: EF)'을 더 이상 가정하지 않는다.

의 지정어 위치에서 T와의 일치를 통해 격의 점검과 α의 표찰까지도 결정한 바 있으므로, 더 이상의 격의 점검도, 파이자질 상의 일치도 불필요하며, 또한 불가능하다.78) 따라서, POP+의 문법체계 하에서는 *wh*-구의 연속적 순환이동과 관련하여 *wh*-구가 경유하는 v*P 내부의 중간 경유지가 과연 어디인지를 심각히 고민해야 하는 새로운 부담을 안는다.

표찰화와 상관없이 단순히 국면불가침조건(PIC)을 충족하기 위해 중간 기착지를 경유하는 *wh*-구의 연속적 순환이동은 다음의 경우에서도 확인할 수 있다.

(71) [$_{CP}$ who$_i$ [do you [$_X$ t_i [$_{v*P}$ v* [think [$_β$ t_i' [$_{CP}$ that Tom [$_α$ t_i'' [$_{v*P}$ v* [loves t_i''']]]]]]]]]]]

위 예문의 도출과정에서 의문사 *who*는 종속절의 목적어 위치에서

---

78) Chomsky(1999)에서는 일치(Agree)는 다음과 같은 소위 활동성조건(activity condition)을 준수해야 한다고 주장한다.
(i) 일치의 연산이 적용되기 위해서는 탐침자와 목표물이 모두 활동적이어야 한다. (Probe and Goal must both be active for Agree to apply.)
'활동적(active)'이라는 개념은 탐침자(Probe)와 목표물(Goal)이 되는 범주가 그들의 자질구성에서 비해석성 자질(uninterpretable feature)을 하나 이상 포함하고 있다는 것이다. 따라서, 명사적 범주가 아닌 범주의 파이자질은 비해석성이므로, 기능범주는 그 자체로 언제나 활동적이 될 수 있지만, 목표물이 되는 명사적 범주는 반드시 점검받지 않은 비해석성의 격(Case) 자질을 가질 때만이 활동적이 되어 일치의 연산에 참여할 수 있다.

차례대로 α의 지정어, β의 지정어, γ의 지정어 위치를 경유하여 최종 기착지인 주절 CP의 지정어 위치로 이동한다. 이러한 도출과정에서 제기되는 의문은 'wh-구의 연속적 순환이동에서 wh-구가 경유하는 중간 경유지가 왜 하필이면 언제나 중간 국면들의 지정어 위치인가?'이다. Chomsky(2008)에서는 그 대답을 국면의 핵들이 갖는 외곽자질(edge feature: EF)에서 찾았다. 그러나 이러한 대답은 핵과 지정어가 일정한 통사관계, 즉 지정어-핵 일치(SPEC-head agreement)의 관계를 유지한다는 뜻을 함축하며, 이는 곧 지정어의 존재를 인정하는 핵계층이론(X′-theory)의 내심적 구조(endocentric structure)로 회귀한다는 뜻이다.

앞선 논의에서 살펴본 바와 같이, POP/POP+에서는 이미 위 (20)에서와 같이 지정어(SPEC)와 내심성(endocentricity)의 개념을 배제한 '최단순 병합(simplest Merge)'을 제안하였으며, 최단순 병합에 의해 도출되는 통사대상의 표찰은 표찰화 연산공식(LA)에 의해 결정된다고 주장하였다. 따라서, POP/POP+의 문법체계 하에서는 wh-구의 연속적 순환이농에서 wh-구가 중간 국민들의 지징어 위치를 경유하는 이유를 더 이상 국면의 핵들이 갖는 외곽자질(edge feature: EF)에서 찾을 수 없다. 이제 POP/POP+의 문법체계 하에서 굳이 그 이유를 찾는다면, 그 이유는 wh-구가 국면불가침조건(PIC)에 저촉되지 않고 무사히 최종 기착지에 당도하기 위함이라고 말할 수 있다. 이러한 결론은 곧 POP/POP+에서는 연속적 순환이동을 촉발

(trigger)하는 내부병합(IM)의 동인이 '표찰화를 위한 일치관계의 형성'과 '국면불가침조건(PIC)의 준수'라는 2가지임을 의미한다. 원리매개변인이론의 관점에서 보면, 전자는 논항이동(A-movement)의 경우이고, 후자는 비논항이동(A'-movement)의 경우이다. 따라서, POP/POP+의 문법체계 하에서도 여전히 '표찰화를 위한 일치관계의 형성'의 논항이동과 '국면불가침조건(PIC)의 준수'의 비논항이동이라는 2가지 서로 다른 유형의 이동이 존재한다는 사실을 알 수 있다. 사실상, 표찰화 이론 하에서는 '표찰화를 위한 일치관계의 형성'이라는 동인 이외에 내부병합을 유발하는 다른 동인들은 모두 외곽자질(EF)처럼 경험적으로 입증되지 않는 특수약정(stipulation)이거나, 아니면 국면불가침조건(PIC)처럼 이론내적(theory-internal)인 불가피한 조치에 불과하다.

한편, Chomsky(2013)의 POP에서는 또 다른 내부병합의 동인으로 {XP, YP}의 대칭구조(symmetric structure)를 갖는 통사대상의 표찰화를 위한 '역동적 반대칭(dynamic anti-symmetry)'의 원리가 있다고 주장하고 있다. 즉, '역동적 반대칭'의 원리에 의해 {XP, YP}의 대칭구조에서 만약 XP가 이동을 하면, {XP, YP} 속에 남는 XP의 복사는 표찰연산공식(LA)에 비가시적이므로 {XP, YP}의 표찰은 YP의 핵인 Y로 결정된다. 따라서 XP가 이동하는 동인은 바로 '역동적 반대칭'의 원리라는 것이다. 그러나, '역동적 반대칭'의 원리는 XP의 이동을 유발하는 내부병합의 충분조건은 되지 못한다. 왜냐하면, XP의 이동은 {XP, YP}의 대칭구조에서만 일어나지 않기 때문이다. 즉, 아래 예시 (72)에서 확인되는 바와 같이, {V, XP}의 통사대상에서 동사(V)가 비대격동사(unaccusative verb)이거나, 혹은 동사(V)의 보충어인 XP가 의문사라면 XP는 '역동적 반대칭'의 원리에 의해서가 아니라 '표찰화를 위한 일치관계의 형성'를 위해 상위의 관련 지정어 위치로 인상한다. 그러므로, 내부병합(IM)의 동인을 '표찰화를 위한 일치관계의 형성'과 '국면불가침조건(PIC)의 준수'로 보는 POP/POP+에서는 더 이상 '역동적 반대칭(dynamic anti-symmetry)'의 원리는 제거되어야 할 잉여적인 원리(redundant principle)에 불가하다.[79]

(72) a. [$_{\langle\phi, \phi\rangle}$ a gentleman$\langle\phi\rangle$ [T$\langle\phi\rangle$ [$_{vP}$ v [arrived t$_i$]]]]

b. [$_{\langle Q, Q\rangle}$ who$\langle Q\rangle$ [C$\langle Q\rangle$-does [Tom [$_a$ t$_i$′ [$_{v*P}$ v* [love t$_i$]]]]]][80]

POP/POP+에서 심각히 고려해야 할 또 다른 문제는 위 (52v)의 가정과 관련해 제기된다. 즉, (52v)의 가정에 의하면, T는 C로부터 φ-자질, 시제(tense), Q-자질 등의 일지와 기능석 특성뿐만 아니라, C의 국면성(phasehood)까지도 함께 물러 받는다고 주장한다. 다시 말하면, T는 C로부터 관련 자질을 물러 받기 전까지는 아무런 일치자질을

---

79) POP/POP+에서는 내부병합을 촉발하는 동인으로서 '표찰화(labeling)'와 '국면불가침조건(PIC)'을 모두 인정함으로써 이들 간에도 사실상 잉여성(redundancy)이 발생한다.

80) 이 경우에도, POP+에 의하면, 의문사 *who*는 V(love)의 목적어 위치에서 VP의 지정어 위치로 '표찰화를 위한 일치관계의 형성'을 위해 먼저 이동한다.

갖지 않으므로 〈φ, φ〉의 표찰화에 기여할 수도 없고, 따라서 EPP-효과
도 유발할 수가 없다. 그렇다면, 아래 (73a)의 인상구문(raising
construction)과 (73b)의 예외격표시구문(ECM construction)의
예시에서 확인되는 바와 같이 아예 C에 의해 선택되지 않는 TP(=ε)의
경우는 어떻게 되는가?

> (73) a. John$_i$ seems [$_ε$ T-to [$_{v*}$ t_i love Mary]]
> b. Tom believes John$_i$ [$_ε$ T-to [$_{v*}$ t_i love Mary]]

POP/POP+ 이전의 Chomsky(1999, 2004, 2008)의 탐침자-목
표물 문법체계(Probe-Goal Framework)에서는 위 예문들의 도출
과정에서 *John*은 주절의 주어와 목적어 위치로 각기 인상되기 전에
종속절 TP(=ε)의 지정어 위치를 경유하여 순차적으로 이동하는 소
위 연속적 순환이동을 수행한다고 주장해 왔다. 그러나, 이제
POP/POP+의 문법체계에서는 연속적 순환이동을 유발하는 내부병
합(IM)은 오로지 '표찰화를 위한 일치관계의 형성'이나 '국면불가침
조건(PIC)의 준수'의 동인이 있을 때만 촉발되는 것으로 주장한다.
따라서, 이제 POP/POP+의 문법체계 하에서는 더 이상 위 (73)의 도
출과정에서 *John*이 종속절 TP(=ε)의 지정어 위치를 경유하여 주절
의 주어와 목적어 위치로 인상하는 연속적 순환이동을 수행할 필요가
없다. 왜냐하면, 종속절 TP(=ε)의 핵인 T는 일치자질을 계승받을 C
를 갖지 못하므로 사실상 아무런 일치자질도 갖지 못하기 때문이다.

또한, 그것의 기저위치인 종속절 v*의 지정어 위치는 국면불가침조건(PIC)에 저촉됨이 없이 주절 CP의 연산에 접근가능한 하위국면의 외곽(edge)이기 때문이다. 따라서, POP/POP+의 문법체계 하에서는 위 (73)의 도출과정에서 *John*이 더 이상 종속절 TP(=ε)의 지정어 위치를 경유하지 않고, 종속절 v*의 지정어 위치에서 주절의 주어나 목적어 위치로 단번에 인상하는 소위 '직항이동(one fell swoop movement)'을 수행한다고 보아야 한다. 그렇다면, 여기서의 문제는 통사대상 ε의 표찰은 어떻게 결정되는가이다. POP+의 가정에 의하면, T는 실질요소(substantial element)로서 다른 어근(R)과 마찬가지로 표찰화 연산공식(LA)에 가시적이지만, 표찰이 되기에는 "너무 약(too weak)"하다. 따라서 ε는 표찰을 가질 수 없고, 결과적으로 (73)의 도출은 접합부에서 해석이 불가능하므로 실제의 언어현실과는 달리 파산(crash)되어야 한다.

이러한 문제점을 해결하기 위해서는 부정사구문(infinitive construction)이 과연 TP이며, 부정사소(infinitive particle) *to*가 과연 T에 속하는지 그 실제와 특성에 내해서 심층직인 재검도가 필요하다 하겠다.

그 가능한 재검토 중의 하나가 필자(김용석 2011a)의 주장에 기초하여 다음과 같은 가정을 설정하는 방안이다.[81]

---

81) 김용석(2011a)에서는 다음과 같은 주장을 하고 있다.
　(i) 해당 어휘항목이 없으면 의미적, 음성적 기여가 없고, 의미적, 음성적 기여가 없으면

(74) 부정사소 *to*는 T가 아니라 동사적 기능요소 v(v or v*)에 속한다.
(The infinitive particle *to* belongs to the verbal functional
element v(v or v*) rather than T.)

이러한 가정을 받아들인다면, 이제 (73)의 도출들은 다음과 같이
분석된다.

(75) a. John$_i$ seems [$_α$ t_i [$_{v*}$ v*-to [$_{VP}$ love Mary]]

  b. Tom believes John$_i$ [$_α$ t_i [$_{v*}$ v*-to [$_{VP}$ love Mary]]

(75)의 도출에서는 더 이상 표찰을 갖지 않는 통사대상이 없다. 왜냐
하면, 이제 위 (75)의 도출과정에서 *John*이 주절 TP와 VP의 표찰화를
위한 일치관계를 형성하기 위해 각기 주절의 주어와 목적어 위치로 직항
이동을 하면, 그것의 복사인 *t*는 더 이상 표찰화 연산공식에 비가시적이
므로 종속절 *α*의 표찰은 v*P의 핵인 v*로 결정되기 때문이다.

이러한 필자의 제안을 받아들이면, 이제 다음 예시에 제시되는 두
예문의 문법성의 차이도 POP/POP+의 문법체계 하에서 쉽게 포착
할 수 있다.

그러한 범주는 당연히 어휘목록(Lexicon)에 존재하지 않는다

(ii) v는 타동성(transitive)과 사역성(causative)의 의미적 기여가 있고, T 대신 시제 발
현장소(tense locus)의 역할을 하며, 또한 부정사소(infinitive particle) to, 경동사
(light verbs), 조동사(auxiliary verbs) 등을 소속 어휘항목으로 갖는다.

(76) a. Tom is believed to love Jane.

　　b. *Tom is believed loves Jane.

위 예문들은 (74)의 정의 하에서 각기 다음과 같은 중간도출을 거쳐 생성된다.

(77) a. [$_{CP}$ C [$_{TP}$ T [$_{vP}$ v [$_{VP}$ is believed [$_{v*}$ Tom [$_{v*}$ v*-to [$_{VP}$ love Mary]]]]]]]]

　　b. [$_{CP}$ C [$_{TP}$ T [$_{vP}$ v [$_{VP}$ is believed [$_{CP}$ C [<φ, φ> Tom$_i$ T [$_{v*}$ t_i [$_{v*}$ v* [$_{VP}$ loves Mary]]]]]]]]]]]

위의 중간도출에서 이제 *Tom*이 주절 CP의 국면에서 이루어지는 주절 TP의 표찰화를 위해 주절 TP의 지정어 위치로 이동하면, 각기 위 (76)의 최종도출에 이를 수 있다. 그러나, 이 경우 (77a)의 경우는 *Tom*이 국면불가침조건(PIC)에 저촉됨이 없이 주절 TP의 지정어 위치로 무사히 이동하여 주절 TP의 표찰을 <φ, φ>로 결정할 수 있다. 그러나, (77b)의 경우는 사정이 사뭇 다르다. 즉, (77b)의 경우는 이미 *Tom*이 종속절 v*P의 지정어 위치에서 종속절 TP의 표찰화를 위해 종속절 TP의 지정어 위치로 이동하여 종속절 TP의 표찰을 <φ, φ>로 결정함으로써 사실상 이 자리에서 기준결빙(criterial freezing)이 되었다. 이러한 결빙 현상(즉, 정지의 문제(halting problem))을

Rizzi(2015)에서는 위 (56)의 최대성조건(maximality condition)으로 포착하고, POP+에서는 국면불가침조건(PIC)의 효과를 담보하는 양도(Transfer)의 연산으로 포착한다.[82] 따라서, (77b)의 경우는 *Tom*이 더 이상 주절 CP의 연산에 접근불가능(unaccessible)하므로 (76b)의 도출은 차단된다.

POP/POP+에서 고려해야 할 또 다른 문제는 병합(Merge)과 표찰화(labeling)와 관련되는 이론내적인 문제이다. 즉, POP/POP+에서는 강력최소주의적 정신(SMT spirit)에 따라 연산체계(C_{HL})을 단순화(simplification)하기 위해 표찰(투사)의 개념을 병합에서 분리함으로써 병합을 위 (20)의 최단순 병합(simplest Merge)의 개념으로 재정립하고, 통사대상의 표찰(투사)은 병합과는 독립적인 '표찰화 연산공식(LA)'에 의해 자동적으로 결정된다고 주장한다. 이는 표찰화 작업을 협소통사부(narrow syntax)의 연산작용에서 배제하여 연산적 부담을 최소화함으로써 '최소의 연산(MC)'을 지향하는 강력최소주의적 정신에 부합하려는 매우 의미 있는 시도라고 볼 수 있다. 이러한 시도에는 표찰화가 협소통사부의 연산이 아니라 통사외적(syntax-external)인 작용이라는 전제가 필요하다.[83] POP/POP+

---

82) 이 경우, 종속절 C는 삭제된 것이 아니라 초기 생성문법이론에서처럼 비가시적인 보문소(complementizer)인 Ø로 존재한다고 가정해야 한다.

83) M. Richards(2019)는 POP/POP+에서 주장하는 표찰화(labeling)을 다음 (i)에서와 같이 병합작용에서 분리된 통사외적인 표찰화라고 표현하고 있다.

(i) ".... (i.e. syntax-external labelling, divorced from the operation of Merge

에서는 통사대상이 표찰을 가져야 하는 이유를 접합부에서의 해석 (interpretation at the interfaces)을 받기 위함이라고 주장함으로써 표찰화를 감각운동접합부(SM interface)와 개념의도접합부(CI interface)의 요구에 의해 적용되는 작용으로 보았다. 요컨대, 표찰화의 근원적인 동인은 접합부의 요구라고 본다. 그러므로, 표찰화는 통사외적인 요구에 따라 매우 간단한 표찰화 연산공식(LA)의 자동적이며 기계적인 최소탐색의 결과로 얻어지는 통사외적인 작용으로 협소통사부의 연산에 전혀 부담을 주지 않는 공짜(costless)의 문법작용이라는 것이다.

그러나, 이러한 암묵적 전제에도 불구하고, POP/POP+의 주장에 의하면 표찰화는 다른 협소통사부의 연산과 마찬가지로 국면단위로 적용되며, 복사(copy)와 머리(head), 핵(head)과 최대투사(maximal projection) 등의 범주적 구분에 민감하며, 또한 최소탐색(minimal search)에 의존하는 등의 전형적인 통사적 연산의 특성을 지니는 것으로 보아 단순히 비통사적인 작용(non-syntactic operation)이라고 보기 어렵다. 만일 표찰화가 통사외적인 작용이 아니라 통사적 연산의 일종이라면, 병합으로부터의 표찰화의 분리와, 최단순 병합의 설정이 그 자체로 과연 협소통사부의 연산적 부담을 줄이고 문법체계의 단순화를 지향하고자 하는 강력최소주의적 정신에 부합하는지의 의문이 제기된다. 왜냐하면, 병합의 연산적 부담은 줄어들지만, 반면에 표찰화라는

itself, with the latter producing exocentric structures.)"

특이한 연산작용이 새로 생겨나기 때문이다. 만약 두 가지 선택이 통사부의 부담이란 측면에서 대등하다면, POP/POP+의 타당성을 입증하기 위해서는 병합으로부터의 표찰화의 분리와, 최단순 병합의 설정으로 얻을 수 있는 별도의 경험적 이점이 무엇인지 밝혀야 한다. 물론 Chomsky(2015)는 그 경험적 이점을 EPP와 ECP의 통합과, 그리고 방법론적 필연성에 입각하여 CP와 v*P를 동일한 분석법으로 기술할 수 있는 것으로 주장하고 있다.

그러나, 이러한 경험적 이점 역시 POP/POP+의 체계가 아니더라도 주어기준(subject criterion)/정지의 문제(halting problem)의 개념과 위 (56)의 최대성조건(maximality condition)을 갖는 Rizzi(2010, 2015)의 문법체계나, 외곽자질(EF)의 설정과 불변경조건(NTC) 등을 갖는 Chomsky(2008) 이전의 탐침자-목표물 문법체계(Probe-Goal Framework), 그리고 Collins(1999, 2002)의 표찰자 유체계(label-free system) 등에서도 T의 일치자질에 대한 매개변인을 설정과 거기에 따른 적절한 방안을 모색한다면 협소통사부의 연산에 추가적인 부담을 주지 않고도 여전히 달성할 수 있는 길이 있다 하겠다.

뿐만 아니라, 주어(subject)의 고유한 특성인 EPP와 ECP가 POP+의 표찰화 체계 하에서 하나의 현상으로 통합될 수 있다는 Chomsky(2015)의 주장도 면밀히 검토하면 사실이 아님이 확인된다. 즉, 앞서 3.4절에서 살펴본 바와 같이, EPP의 효과는 TP의 표찰화를 위한 DP의 내부병합으로 기술될 수 있지만, ECP의 효과는 엄격히 말하면 표찰화와는 직접적인 관계가 없다. 요컨대, POP+의 문법체계 하에서 ECP의 효과는 EPP와 달리 표찰화의 결과가 아니라 표찰화 이후에 적용되는 양도(Transfer)의 결과에 기인하는 문법현상으로 기술되고 있다. 그마저도 이러한 설명 과정에서 국면성의 계승(inheritance of phasehood)이란 새로운 개념의 연산마저도 도입되고 있음을 상기해야 한다. 따라서, 엄격히 말하면 EPP와 ECP는 POP+의 문법체계 하에서도 여전히 서로 다른 연산의 결과에 기인하는 서로 독립적인 문법현상으로 남는다.

이상의 고려와 함께 POP/POP+의 문법체계 하에서 되새겨보아야 할 근원적 의문은 과연 통사대상의 표찰이 그 통사대상의 접합부상 해석을 위해서 반드시 필요한 필수불가결의 정보인가 하는 문제이다. 사실상 적용의 반복성을 갖는 병합(Merge)은 두 통사대상을 결합해 더 큰 단위의 새로운 통사대상을 만들고, 이러한 결합 작용의 반복으로 계층적 통사구조(hierarchical syntactic structure)를 갖는 다양한 크기의 통사대상들을 생성한다. 이러한 통사대상의 계층적 구조에 대한 정보는 병합의 결과로서 표찰이 주어지지 않더라도 {X,··· {Y, {Z, K}}}에서처럼 자동적으로 통사대상에 반영된다. 뿐만 아니라, 모든 어휘는 기본적으로 어근(R)과 그 어근의 범주를 결정하는 기능요소(F)의 결합으로 이루어진다는 소위 분배형태론(Distributed Morphology: DM)의 전통적 주장에 따르면, 통사대상의 기본적 표찰은 표찰화 연산공식이 아니더라도 형태론상의 요구 (morphological requirement)에 의해 자동적으로 결정이 된 다.84) 그리고, 어휘의 범주를 결정하는 기능요소는 강력최소주의적 관점에서 보면 '국면의 핵'의 기능을 수행하므로 사실상 국면의 표찰 은 형태론상의 요구에 의해서 결정된다고 볼 수 있다. 그렇다면, 접합 부상 해석을 위해 꼭 필요한 표찰은 국면단위의 표찰뿐일 수 있고, 그 이외의 통사대상의 구조적 정보는 최단순 병합의 결과로 제공될 수 있 다고 보면, 이러한 주장의 실천이야 말로 '최단순 연산작용'과 '최소 연산의 원리'를 지향하는 강력최소주의적 정신에 이상적으로 부합하 는 결과를 낳을 것으로 기대된다. 그러나, 이러한 대안은 경험적으로 그 타당성이 입증되기 전까지는 하나의 가설에 불과하다. 따라서, 필 자는 이러한 대안도 POP/POP+의 더 나은 발전을 위해 차후 연구에 서 진지하게 검토되어야 한다고 본다.

위에서 제기한 과제들 이외에도 POP/POP+의 문법체계가 강력 최소주의적 정신에 더욱 부합하기 위해서 고려해야 할 몇 가지 개념 적인 문제가 더 있다.

즉, POP/POP+에서는 {XP, YP}의 대칭적 구조(symmetric structure)를 갖는 통사대상이 표찰을 갖기 위해선, (i) XP나 YP 중 하나가 내부병합(IM)의 연산에 의해 이동하거나(역동적 반대칭

---

84) 이러한 관점에 대해선 Marantz(1997, 2013), Embick(2010), Embrick & Marantz (2008), Borer(2005a, b, 2014) 등을 참조할 것.

(dynamic antisymmetry)의 경우), (ii) XP와 YP가 최소탐색에 의해 탐색될 수 있는 동일한 일치자질을 가져야(기준결빙(criterial freezing)의 경우) 한다.

그러나, (i)의 경우는 {XP, YP}가 표찰을 갖지 위해선 이동한 요소의 하위복사(lower copy)가 표찰화 연산공식(LA)에 비가시적(invisible)이어야 한다는 가정을 전제해야 한다. 사실상, 강력최소주의적 관점에서 볼 때는 이동한 요소인 상위복사(upper copy)와 그 자리에 남아 있는 하위복사는 일치자질(agreement feature)은 물론 범주자질(categorial feature)과 격자질(Case feature) 등 모든 자질이 동일한 동일요소이다. 하위복사도 상위복사와 마찬가지로 양도(Transfer)에 가시적일 뿐 아니라 개념의도접합부(CI interface)에서도 동일한 해석을 받는다. 이러한 측면에서 볼 때, 상위복사만 표찰화 연산공식에 가시적이고 하위복사는 표찰화 연산공식에 비가시적이라는 가정은[85] 강력최소주의적 정신에서 벗어난 특

---

85) Chomsky(2008) 이전의 탐침자–목표물 문법체계(Probe-Goal Framework)에서도 일치(Agree)를 위한 탐침자(Probe)의 목표물(Goal)에 대한 최소탐색(minimal search) 시에 간섭효과(intervention effect)를 일으키는 요소는 오로지 음운적 자질을 갖는 상위복사라고 주장하면서, Chomsky(1999)에서는 이러한 차단효과를 포착하기 위해 다음과 같이 음운적 외곽요소(phonological edge)의 조건을 제시하고 있다.
(i) 음운적 외곽요소는 탐침자에 접근가능하다. (The phonological edge is accessible to Probe P.)
이 조건에 의하면 오로지 음운적 실체(phonological contents)을 갖는 상위복사만이 탐침자의 최소탐색에 가시적이라 탐침자와 목표물 사이의 자질상의 일치(Agree)을 차단한다는 것이다.

수약정(stipulation)에 지나지 않는다. 또한, (i)의 경우, {XP, YP}의 표찰화를 위해 사전에 XP나 YP 중 하나가 내부병합의 적용으로 이동해 나가야 하는데, 이러한 내부병합의 적용은 표찰화 연산공식(LA)이 국면 도출의 최종단계에서 적용된다고 보았을 때 미리 표찰화를 예상하고 앞을 내다보는 예상적용의 비국부적 연산(looking ahead global computation)의 적용이므로 사실상 강력최소주의적 정신에서 멀어지는 연산의 복잡성(computational complexity)을 야기한다.86)

위 (ii)의 경우에도 강력최소주의적 관점에서 볼 때 심각한 개념적 문제를 야기한다. 즉, 자질상의 최소탐색(minimal search)은 최소거리에서 해당 통사대상 속에서 해당 자질을 발견할 때까지만 진행되는데, (ii)의 경우는 XP 내부의 일치자질에 대한 최소탐색은 YP가 허락하는 한 국면불가침조건에 저촉될 때까지 아주 깊게까지 탐색을 진행한다는 특이한 특성을 갖는다. YP의 경우도 XP가 허락하는 한 일치자질에 대한 최소탐색이 끝까지 진행된다. 요컨대, (ii)의 경우는 최소탐색이 '최소'이라기보다는 '최후까지'의 탐색이고, 또한 두 통사대상의 상호 허락 하에서 두 통사대상에서 동시에 이루어진다는 아주 특이한 특성을 갖는다. 이러한 가정 역시 강력최소주의적 정신에서 벗어나는 특수약정(stipulation)이라 볼 수 있다. 뿐만 아니라, 이

---

86) 이러한 연산의 복잡성은 위 (62)의 '자유작용이론(free operation theory)'의 채택으로 모면할 수는 있다.

러한 특이한 탐색의 결과로 얻어지는 {XP, YP}의 표찰 역시 그 구성소들의 핵인 X나 Y가 아니라, ⟨φ, φ⟩/⟨Q, Q⟩ 등의 새로운 언어정보라는 측면에서[87] 이러한 표찰화는 그 자체로 사실상 불변경조건(NTC)/내포성조건(inclusiveness condition)의 위반을 초래한다. 요컨대, POP/POP+에서는 핵계층이론(X′-theory)의 내심성제약(Endocentricity Constraint)을 포기하고, ⟨φ, φ⟩/⟨Q, Q⟩ 등의 외심적 표찰(exocentric label)을 허용하는 바, 이러한 결과는 통사대상의 도출과정에서 새로운 언어정보가 첨가된다는 차원에서 언제나 불변경조건/내포성조건의 위반을 초래한다. 또한, 내심성제약의 포기는 사실상 핵계층이론의 포기를 의미하는데, 이는 사실상 핵계층이론이 성취한 상당한 수준의 기술적 일반성(descriptive generalization)[88]도 함께 포기한다는 뜻이다. 핵계층이론에서 성취한 일반성 중에 하나

---

87) 이러한 차원에서 M. Richards(2019)에서는 Chomsky(2013, 2015)의 표찰화 이론을 '외심적 표찰화 모형(exocentric labeling model)'이라 일컫는다.

88) 핵계층이론이 이룬 기술적 일반성은 대체로 다음과 같다.

  (i) 가. 설명적 타당성이 포착된다. (Explanatory Adequacy is captured (not missed).)

   나. 적절한 수의 범주 유형이 활용된다. (The number of categorial types is relevant (not too restricted).)

   다. 전범주적 일반성이 포착된다. (The categorial generalization is captured (not missed).)

   라. 어휘부와 범주부 사이에 나타나는 잉여성을 해소한다. (The redundancy disappears (not arises) between Categorial Component and Lexicon.)

   마. 어순을 구구조규칙에서 분리한다. (The order is divorced from the phrase structure rules.)

가 바로 모든 범주의 도출이 동일한 핵계층공식(X'-schemata)에 의해 기술될 수 있다는 것인데, 이는 사실상 핵계층이론 하에서는 '방법론적 필연성'이 최대로 작동하고 있음을 보여주는 것이다. 이러한 점에서 POP/POP+이 핵계층이론을 포기하고도 최소의 연산(MC)을 지향하는 강력최소주의적 정신에 잘 부합한다는 사실을 입증하기 위해서는 POP/POP+에서도 CP의 도출에 적용되었던 분석법이 v*P 뿐만 아니라, DP, PP 등을 포함한 모든 범주의 도출에까지도 일반화될 수 있다는 사실을 확인하는 후속적인 진지한 연구와 검토가 요구된다 하겠다.

2. 총평과 전망

이상의 논의에서 우리는 Chomsky의 표찰화 이론에서 해결하거나 검토해야 할 여러 과제와 문제점들을 살펴보았다.

그러나, 이러한 과제와 문제점들의 지적에도 불구하고, 사실 Chomsky의 표찰화 이론의 강점은 병합으로부터 지정어(Spec)와 내심성(endocentricity), 그리고 투사(projection) 등의 모든 추가적 개념을 제거하여 병합을 위 (20)에서와 같이 '최단순 병합(simplest Merge)'의 개념으로 단순화하고, 또한 투사는 최소탐색의 한 작동인 표찰화 연산공식(LA)으로 포착함으로써 가장 간단한 연산인 병합(Merge)과 최소의 연산(MC)의 문법체계를 지향하는 '강력최소주의 정신'에 잘 부합하고 있다는 점이다. 뿐만 아니라, POP/POP+에서 제안하는 '최단순 병합'은 투사 등의 추가적 개념으로부터도 자유로올 뿐만 아니라, 위 (62)의 '자유작용이론(free operation theory)'의 제안으로 그 적용에 있어서도 아무런 통제를 받지 않는 말 그대로 자유로운 '자유병합(free Merge)'으로 규정된다. 이제 병합(Merge)은 그것이 외부병합(EM)이든 내부병합(IM)이든 상관없이 자유롭게 두 통사대상을 묶는 기능만 담당한다. 또한 모든 통사대상은 접합부의 해석을 위해 표찰을 가져야 하는데, 이러한 통사대상의 표찰은 바로 통사외적(syntax-external)인 표찰화 연산공식(LA)에 의해 자동적이며 기계적으로 결정된다. 이와 같은 자유롭고 기계적인 통사외적인 연산과정을 거쳐 도출되는 모든 통사대상은 국면 단위로 그 적법성에 대한 평가를 받는다. '최소의 연산(MC)'이란 자연언어의 기본적 원리 하에서 (20)의 '최단순 병합'과 (62)의 '자유작용이론'의 발견은 사실상 언어기능의 진화론적 실체에 더욱 근접하려는 생성문법적 과업의 위대한 업적이라 하겠다.[89]

또한, POP+에서는 주어가 갖는 특수한 속성인 소위 EPP와 ECP

---

89) '최소의 연산(MC)'이란 자연언어의 기본적 원리 하에서 '최단순 병합'과 '자유작용이론'의 문법체계를 구축한 POP/POP+는 변이와 적자생존(variation and natural selection)의 원리에 의한 점진적 진화라는 현대진화론의 주장으로는 도저히 설명될 수 없는 급작(rapid)하고 돌연적(sudden)이며 창발적(emergent)인 '언어기능의 발생'에 대한 진화론적 수수께끼(evolutionary enigma)(즉, "다윈의 문제(Darwin's Problem)")의 해결에 중요한 실마리(clue)를 제공하고 있다고 해도 과언은 아니다.

의 효과가 상호 독립적인 현상이 아니라 동일한 표찰화의 결과에 기인하는 밀접한 현상임을 밝힘으로써 이 두 원리의 통합을 시도하고 있다. 즉, EPP가 준수되는 영어와 같은 언어에서는 반드시 ECP가 준수되나, EPP가 준수되지 않는 이탈리아어와 같은 영주어언어(null subject language: NSL)에서는 ECP 또한 준수되지 않는다는 사실을 확인하고, 이러한 언어 간의 차이가 표찰화의 결과에 기인함을 밝히고 있다. 요컨대, 주어인상(raising-to-subject)을 통한 EPP의 준수는 바로 표찰이 되기에는 '너무 약(too weak)'한 실질범주(substantial category)인 T의 일치자질(agreement feature)을 보강하여 TP의 표찰을 결정하기 위해 동일한 일치자질을 갖는 DP를 TP에 병합하는 연산작용의 결과로 규정하고 있다. 따라서, 풍부한 일치자질을 가짐으로써 표찰이 되기에는 '충분 강(strong enough)'한 T를 갖는 이탈리아어와 같은 영주어언어(NSL)에서는 T가 단독으로 TP의 표찰이 될 수 있으므로 주어인상을 통한 T의 일치자질에 대한 보강이 불필요하며, 결과적으로 EPP가 준수되지 않는다. 또한 주어인상이 없으므로 이탈리아어와 같은 영주어언어(NSL)에서는 당연히 TP의 지정어 위치에서 주어가 결빙되는 소위 "정지의 문제"인 ECP의 효과도 나타나지 않는다. ECP의 효과는 오로지 주어인상을 통한 T의 일치자질을 보강함으로써 TP의 표찰화가 이루어지는 영어와 같은 언어에서만 준수된다. 그러므로 TP의 표찰화를 위해 주어인상을 유발하는 EPP의 효과와, 그 표찰화의 결과에 기인하는 주어결빙, 즉

"정지의 문제"을 야기하는 ECP의 효과는 POP+ 하에서는 동일한 표찰화에 기인하는 동일한 현상으로 통합될 수 있다.[90]

더욱이, POP+에서는 표찰화 이론 하에서 추진되는 이러한 분석법이 비교적 일반적인 도출과정을 겪는 CP에서뿐만 아니라, '목적어인상(raising-to-object)'과 '동사어근의 인상(R-to-v* raising)'의 적용으로 다시 동일한 어순으로 되돌아감으로써 경험적으로는 확인되지 않는 이색적(exotic)인 도출과정을 겪는 v*P의 국면에도 똑 같이 적용될 수 있음을 논증하였다. 이러한 논증은 '최단순 병합(simplest Merge)'과 '최소의 연산(MC)'을 지향하는 강력최소주의이론의 중요한 기본원리 중에 하나인 '방법론적 필연성(methodological necessity)'의 원리가 잘 이행됨을 확인할 뿐만 아니라, 경험적으로 확인이 어려운 이색적인 문법현상도 핵심적 보편문법의 체계로 기술될 수 있는 무표적 현상(unmarked phenomena)을 확인함으로써 표찰화 이론의 이론적 타당성과 경험적 타당성을 동시에 입증하고 있다 하겠다.

필자의 평가로는 사실상 위 (62)의 '자유작용이론'의 제안으로 사실상 Chomsky(2008)에서 제안했던 외곽자질(EF)의 가정은 제거되었다고 본다. 뿐만 아니라 내부병합(IM)을 유발하는 일체의 연산(대조

---

90) 다만, 위의 지적에서처럼, POP+에서는 "정지의 문제"을 야기하는 ECP의 효과가 Chomsky(2013)와 Rizzi(2010, 2015)에서와 달리 표찰화의 결과에 직접 기인하는 현상이 아니라, 표찰화 이후에 진행되는 또 다른 연산인 양도(Transfer)의 결과로 기술하고 있다.

(Match), 일치(Agree), 수반(Pied-Piping) 등)도 협소통사부의 연산 체계(C_{HL})에서 사실상 제거될 수 있다. 선발(Select)의 연산도 외부병합(EM)의 한 작용으로 본다면, 이제 남는 연산은 외부병합과 내부병합으로 구성되는 병합(Merge)과 국면단위로 적용되는 양도(Transfer)뿐이다. POP/POP+에서는 이 병합마저도 위 (20)의 '최단순 병합(simplest Merge)'으로 규정하고, 또한 이 '최단순 병합'마저도 이제 위 (62)의 '자유작용이론'의 제안으로 외곽자질이나 일치자질 등의 촉발자(trigger)가 없어도 자유롭게 적용된다.

만약, Chomsky(2013, 2015)의 암묵적인 가정에서처럼, 표찰화(labeling)가 어순(order)과 마찬가지로 접합부의 요구를 충족하기 위한 통사외적인 작용(syntax-external operation)이고, 또한 양도(Transfer) 역시 연산적 부담을 최소화하기 위한 작용으로 '최소연산의 원리'에 기인하는 문법현상이라면,91) 이제 협소통사부에 남는 유일한 연산은 아무런 제약도 연산적 부담도 없이 그야말로 자유롭게 적용되는 '최단순 병합' 하나뿐이다. 이제 자유롭고 유일한 통사적 연

---

91) 양도는 언어정보를 생산하는 연산이라기 보다는 생산된 언어정보를 접합부로 사상(mapping)하는 국면불가침조건(PIC)의 실행이다. 표찰이 결정된 통사대상으로 구성되는 언어정보는 양도에 의해 접합부로 사상되기 전에 위 (62)의 '자유작용이론' 하에서 국면단위로 평가를 받는다. 그 평가의 기준은 바로 (9ii)의 요인에 기인하는 해독성조건(legibility condition)과 (9iii)의 요인에 기인하는 '최소의 연산(MC)'이다. 최소의 연산(MC)에는 상호 포함관계에 있기도 한 불변경조건(NTC), 국면불가침조건(PIC), 최소 탐색(minimal search), 연산의 효율성(computational efficiency), 경제성조건(economy condition) 등등이 포함된다.

산인 '최단순 병합'은 계층적 구조를 갖는 통사대상(SO)을 도출하고, 이러한 통사대상은 통사외적인 표찰연산공식(LA)의 작용에 의해 그것의 표찰이 결정되고, 그 이후 표찰이 결정된 통사대상은 통사외적인 양도(Transfer)의 작용에 의해 국면단위로 접합부로 이관(transfer)된다.

이제, POP/POP+의 문법체계는 위 (62)의 '자유작용이론' 하에서 '최단순 병합(simplest Merge)'과 '최소의 연산(MC)'이라는 자연의 일반원리로만 이루어지고, 통사외적인 작용으로 '표찰화(labeling)'와 '양도(Transfer)'가 있다. 인간언어의 4가지 본질적 특성 중에서 어순(order)은 감각운동접합부의 외현화(SM externalization)로, 투사(projection)는 표찰화(labeling)로, 인접관계(contiguous relation)인 구성성(compositionality)과 비인접관계(discontiguous relation)인 전위(displacement)는 병합(Merge)으로 포착하는 결과로 귀결된다. 이제 POP/POP+의 문법체계 하에서 유일하게 남는 경험적인 문제는 비인접관계 중에 하나인 장거리일치(long distance agreement)의 문제이다. 상거리일지는 일부 영어와 같은 언어에 나타나는 *there*-허사구문(*there*-expletive construction)과 관련되는 현상으로 기존의 탐침자-목표물 문법체계(Probe-Goal Framework)에서는 파이자질(ϕ-features)상의 최소탐색(minimal search)에 의한 일치(Agree)의 연산에 의해서 기술하였다. 그러나 이러한 기술은 일부 언어에 국한된 현상을 기술하기 위해서 보편문법의 연산체계를 복잡하게 하는 문제를 낳을 뿐만 아니라, 그 자체로도 역순환성의 문제 등 다양한 경험적 문제를 노출한다. 따라서, POP/POP+의 문법체계에서는 '최소의 연산(MC)'이란 강력최소주의적 명제를 실천하기 위해 '방법론적 필연성(methodological necessity)'의 차원에서 장거리일치 현상까지도 위 (62)의 '자유작용이론' 하에서 '최단순 병합'과 '표찰화' 그리고 '양도'의 상호작용으로 기술할 수 있는 방안을 모색하여야 할 것이다. 향후 강력최소주의이론(SMT)에서 추진되는 문법체계는 협소통사부의 연산체계(C_{HL})에는 오로지 병합(Merge)만 존재하고, 병합에 의해 생성되는 도출은 '최소연산의 원리'에 의해 국면단위로 평가되는 매우 단순한 체계가 되리라 기대한다.

결론적으로 말해, 강력최소주의이론(SMT)에 의하면, 언어는 (9ii)와 (9iii)의 요인에 의해 인간의 진화과정에서 자연발생적으로 발현한 그야말로 '완벽체계(perfect system)'의 인지체계인데, Chomsky (2008, 2013, 2015)에서 제안하는 표찰화 이론(Labeling Theory)은 그 완벽체계를 향해 나아가는 '생성문법적 과업(generative enterprise)'에 또 하나의 큰 성취이며, 그 당연하고도 선도적인 이정표를 제공하고 있다 하겠다. 향후 많은 후속적인 연구와 학문적인 결실이 기대된다.

참고문헌

References

강명윤. 1988. Topics in Korean Syntax: Phrase Structure, Variable Binding and Movement. Ph.D. dissertation. MIT.

강명윤. 1990. On Reflexives. 「생성문법연구」 1, 145-170. 한국생성문법학회.

강명윤. 1998. 「Chomsky 언어학 사전」. 한신문화사.

강명윤. 2007. Chomsky 언어학의 현상학적 해석. 「생성문법연구」 17.1. 47-68. 한국생성문법학회.

강영세. 1986. Korean Anaphora(I): *caki* as a Resumptive Pronoun. *Language Research* 22. 215-228. Seoul National University.

김영범. 2009. 「철학 갤러리」. 풀로엮은집.

김영희, 김광섭, 문귀선, 장영준, 서정목, 박명관, 쎄드릭 북스. 2008. 「의문사 의문문의 통사와 의미」. 한국문화사.

김영화, 김선웅, 문귀선, 박명관, 장영준, 윤항진. 2002. 「허사총론」. 한림과학원총서 96. 도서출판 소화.

김용석. 1981. 최근 Chomsky 문법의 흐름에 관한 고찰. 「논문집」 5. 33-49. 한성대학교.

김용석. 1981. 피접속요소 이동변형의 몇 가지 문제점에 관하여. 「언어연구」

2.1. 12-27. 경희언어연구소.

김용석. 1982. 영어의 대명사 현상에 관한 통사적 고찰. 「영어영문학」 28. 667-684. 한국영어영문학회.

김용석. 1983. Revised *Wh*-movement의 고찰. 「언어연구」 4. 1-19. 경희언어연구소.

김용석. 1984. 전치사 잔류와 ECP. 「언어」 9. 425-445. 한국언어학회.

김용석. 1985. PRO의 기본요건과 선행사 결속에 관하여. 「논문집」 9. 129-154. 한성대학교.

김용석. 1986a. *Licensing Conditions on Syntactic Representation*. Ph.D. dissertation. Kyung Hee University.

김용석. 1986b. 이동규칙의 제약과 의미역이론. 「언어」 11. 25-50. 한국언어학회.

김용석. 1986c. PRO의 통제와 결속이론. 「언어연구」 7. 1-28. 경희언어교육연구소.

김용석. 1986d. On Parasitic Gap Constructions of English. 「논문집」 10. 101-128. 한성대학교.

김용석. 1987. '자기'의 지시의존에 관하여: 결속이론 대 연결이론, 「언어」 제 12 권, 319-346, 한국언어학회.

김용석. 1988a. '자기'의 대용화에 관한 연결 이론적 고찰. 「논문집」 제 12 집, 223-255, 한성대학교.

김용석. 1988b. On Multiple *Wh*-constructions in English. *Language Research* 24. 539-63. Seoul National University.

김용석. 1989. On Syntactic Structure of Topic Constructions in

Korean. 「논문집」 13. 1-12. 한성대학교.

김용석. 1990a. *Caki* as an Unmarked Anaphor. Orally Presented at the 9th Colloquium, Korean Transformational Generative Grammar Circle.

김용석. 1990b. 전치사 좌초에 관한 장벽 이론적 접근. 「영어영문학」 36. 373-389. 한국영어영문학회.

김용석. 1990c. 다중 의문사 구문과 작용역 결속 원리. 「언어」 15. 한국언어학회.

김용석. 1991. On Topicalization in Korean. *Language Research 10*, Proceedings of the Kyung Hee International Conference on Linguistic Studies, Kyung Hee Univ.

김용석. 1992a. 「결속 이론 -그 변천과 논리 형태 대용화-」. 한신문화사.

김용석. 1992b. 한국어의 주제화와 관계화에 관한 소고. 공영일교수 화갑기념 논문집.

김용석. 1992c. '자기'의 대용화에 관하여. 「생성문법연구」 2.2. 한국생성문법학회.

김용석. 1993. 「통제이론 -PRO/pro의 통제와 한국어의 공대명사 현상-」. 서울: 한신문화사.

김용석. 1994a. On Subject-Orientedness of Korean Reflexives. 송곡 양동휘교수 화갑기념논문집.

김용석. 1994b. 한국어의 공대명사 현상에 관하여. 「생성문법연구」 4.1, 45-84. 한국생성문법학회.

김용석. 1994c. 재귀사 장거리결속에 관한 자질점검이론적 접근. 「언어연구」12, 29-51. 경희대학교 언어교육연구원.

김용석. 1994d. 재귀사 결속의 차단효과에 관하여. 「현대문법연구」5, 139-182. 현대문법학회.

김용석. 1995a. 한국어의 영목적어 현상에 관하여. 「언어」20.3, 1-31. 한국언어학회.

김용석. 1995b. 한국어의 재귀화에 관한 최소 이론적 접근. ms., 한성대학교.

김용석. 1995c. 최소주의 결속이론에 관하여. 「논문집」19. 한성대학교.

김용석. 1996a. 「대용화 문법론 -그 이론적 동향과 한국어의 제현상-」. 한신문화사

김용석. 1996b. 재귀사 주어지향성에 관한 자질점검이론적 접근. 「생성문법연구」6.2. 한국생성문법학회.

김용석. 1996c. 재귀사 자질점검이론의 연구. 「현재문법연구」8. 현대문법학회.

김용석. 1996d. 술어재귀화 이론의 고찰. 「논문집」20. 한성대학교.

김용석. 1997a. A Minimalist Approach to Some Problems of Long-Distance Anaphora of Reflexives. 1997 LSA 발표논문.

김용석. 1997b. A Minimalist Approach to *Wh*-Interrogatives in Korean. TEAL 발표논문.

김용석. 1998a. Some A'-Dependencies in Korean. 「현대문법연구」12. 현대문법학회.

김용석. 1998b. A Minimalist Approach to the Subject-Orientation of Reflexives. 「언어연구」16. 경희언어교육연구소.

김용석. 1998c. A DP-Analysis of Reflexives. 「논문집」22. 한성대학교.

김용석. 1999a. 「최소주의 재귀사문법」. 한국문화사.

김용석. 1999b. 한국어 핵재귀사와 그 차단효과에 관하여. 「논문집」 23. 한성대학교.

김용석. 1999c. 장거리 재귀사 이론의 고찰. 「민족문화」 10. 한성대학교 민족문화연구소.

김용석. 1999d. Syntax of *Wh*-Interrogatives: A Minimalist Perspective. 「현대문법연구」 16, 39-88. 현대문법학회.

김용석. 1999e. Blocking Effect of Reflexives: A Minimalist Perspective. 「이승환교수 정년기념 논문집」, 52-77.

김용석. 1999f. On the Long-Distance Anaphora of Reflexives: A Minimalist Perspective. 「이홍배교수 화갑기념 논문집」, 145-187. 한신문화사.

김용석. 2000a. 「생성문법론」. 경진문화사.

김용석. 2000b. 핵재귀사의 내면구조: 최소주의적 관점. 「현대문법연구」 19. 현대문법학회.

김용석. 2000c. 「GB 통사론과 영어의 문장구조」. 경진문화사.

김용석. 2000d. 보편문법의 조명. 「민족문화」 11. 한성대학교 민족문화연구소.

김용석. 2000e 자질삼투이론의 고찰. 「논문집」 24. 한성대학교.

김용석. 2001. 「변형과 제약」. 경진문화사.

김용석. 2002. *The A/A-Bar Dependencies in Korean: The Minimalist Approach*. 경진문화사.

김용석. 2003. 「변형생성 영어 언어학」. 경진문화사.

김용석. 2004a. 「지시의존 문법론」. 경진문화사.

김용석. 2004b. 전치사 좌초현상에 관하여. 「영어학연구」17. 한국영어학 학회.

김용석. 2004c. 「영어의 통사구조와 변형생성문법」. 경진문화사.

김용석. 2004d. Cyclicity and Multiple Spell-Out. 제6회 학국변형생성 문법학술대회 발표논문집. 한국생성문법학회.

김용석. 2004e. there-허사 구문의 도출에 관하여: 탐침자-목표물 문법이 론적 조명. 「한성논문집」 28. 한성대학교.

김용석. 2005a. 인상 구문과 예외격표시 구문에 관하여: 탐침자-목표물 문 법이론적 분석. 「한성인문학」 3. 한성대학교 인문과학연구원.

김용석. 2008. 이동현상에 관한 최강최소주의적 고찰. 「한성논문집」 29. 한 성대학교.

김용석. 2005c. 최소주의이론의 변천에 관한 모형-분석적 고찰. 「현대문법 연구」 41. 현대문법학회.

김용석. 2005d. 영어의 의사수동태 구문에 관하여: 탐침자-목표물 문법이 론적 분석. 제7회 한국변형생성문법학술대회 발표논문집. 한국생 성문법학회.

김용석. 2006a. 최소주의이론의 근원: 생물언어학적 견해와 최강최소주의 문법. 「한성인문학」 4. 한성대학교 인문과학연구원.

김용석. 2006b. Multiple Spell-Out에 관한 모든 것. 「Chomsky 2005 이 후」. 한국문화사 (한국생성문법학회 편).

김용석. 2006c. A Probe-Goal Approach to the EPP-Effect of Wh-Interrogatives in English and Korean. 「현대문법연구」

46. 현대문법학회.

김용석. 2006d. 영어의 섬효과에 관한 탐침자-목표물 이론적 접근 「현대영미어문학」 24.4. 현대영미어문학회.

김용석. 2006e. 영어의 부가구조에 관한 탐침자-목표물 이론적 접근. 「논문집」 30. 한성대학교.

김용석. 2006f. 「최소주의문법의 이해」. 한성대학교 출판부.

김용석. 2007a. 「최소주의문법의 탐구」. 한성대학교 출판부.

김용석. 2007b. 도출의 순환성과 자유병합. 「한성인문학」 5. 한성대학교 인문과학연구원.

김용석. 2007c. 「현대 영어통사론」. 경진문화사.

김용석. 2007d. 영어의 전치사 좌초현상에 관하여. 「논문집」 31. 한성대학교.

김용석. 2008a. 「사이버강의: 영어의 구조와 문법」. 한성대학교 출판부.

김용석. 2008b. 영어 허사 구문의 도출과 그 문제점에 관하여. 「한성인문학」 6. 한성대학교 인문과학연구원.

김용석. 2008c. 「사이버강의: 영어 언어학의 이해」. 한성대학교 출판부.

김용석. 2008d. 강력최소주의이론의 고찰. 「논문집」 32. 한성대학교.

김용석. 2009a. 영어의 전치사 수동태에 관하여, 「현대영미어문학」 27.1. 현대영미어문학회.

김용석. 2009b. v*P, 과연 국면인가?, 「영어학연구」 27. 한국영어학학회.

김용석. 2010a. 언어의 실체에 관한 새로운 도전: 최강최소주의이론, 「현대문법연구」 62. 현대문법학회.

김용석, 2010b. '칸트주의 언어학'의 모색. 「생성문법과 인접학문」. 2010

추계 한국생성문법학회/한국중원언어학회 공동학술대회 발표논문집.

김용석. 2010c. 「영어의 통사구조 연구: 보편문법적 접근」. 한성대학교 출판부.

김용석. 2010d. *that*-절의 섬효과에 관한 최소주의적 접근, 「현대영미어문학」 28.4. 현대영미어문학회.

김용석. 2011a. T, 과연 존재하는가?. 2011 봄 한국언어학회/한국현대언어학회 공동학술대회 발표논문집.

김용석. 2011b. 「영어구문의 이론과 실제」. 글로벌콘텐츠.

김용석. 2012a. 한국어의 의문사 비대칭 현상에 관하여. 「언어학연구」 22. 한국중원언어학회.

김용석. 2012b. 인간인어에 대한 새로운 기획: 칸트주의 언어학. 「생성문법연구」 22.1. 한국생성문법학회.

김용석. 2012c. 「강력최소주의이론: 그 분석과 전망」. 글로벌콘텐츠.

김용석. 2012d. 「T 없는 통사론을 향하여」. 「언어」 37.1. 한국언어학회.

김용석. 2012e. 「최소주의문법 Glossary」. 글로벌콘텐츠.

김용석. 2012f. 「언어와 이성 -Chomsky를 넘어서 칸트주의 언어학으로-」. 한성대학교 출판부.

김용석. 2013. On "Noun Clause." ms. 2013 한국생성문법학회 봄학술대회 초청강연 논문.

김용석. 2020a. 한국어 자동사 구문의 대격할당 현상에 관하여: 탐침자-목표물 이론적 접근. ms. 2020 대한언어학회, 한국생성문법학회, 한국현대언어학회, 현대문법학회 봄 공동학술대회 초청논문.

김용석. 2020b. 역순환성과 탐색가시성조건. ms. 한성대학교.

김용석. 2020c. 순수 EPP-효과와 결빙섬조건. ms. 한성대학교.

김용석. 2021. 「Noam Chomsky의 강력최소주의와 표찰화 이론」. 글로벌 콘텐츠. (본서)

김용석, 문귀선. 2003. 「변형문법의 이해」(번역): (원저) Jamal Ouhalla(1999), Introducing Transformational Grammr: From Priciples and Parameters to Minimalism. 한신문화사.

김용석, 박승혁, 윤종열, 한학성. 1995. *Minimalist Approach to Syntax and Morphology*. 편저. 한국문화사.

김용석, 안희돈, 강명윤, 이숙희. 1996. *Morpho-Syntax in Transformational Generative Grammar*. 편저. 한국문화사.

김용석, 양동휘, 이홍배, 임영재. 1991. 「지배-결속 이론의 기초」. 한신문화사.

김용석, 이정민, 배영남. 2000. 「언어학사전」. 박영사.

문귀선. 1989. The Syntax of Null Arguments with Special Reference to Korean. Doctoral dissertation. The University of Texas.

문귀선. 1991. Identification of null arguments. 「생성문법연구」 2.1, 187-218. 한국생성문법학회.

문귀선. 1992. Principle A of the Binding Theory and the Korean Anaphor *Caki*, 「인제논총」 8.1, 인제대학교.

박명관. 2007. RNR in Korean as Right-Edge Coordination. 「생성문법연구」 17.1. 85-97. 한국생성문법학회.

of *Caki* in Korean. *Language Research* 22. 229-253. Seoul National University.

박승혁. 1997.「최소주의문법론」. 한국문화사.

박승혁. 2003. Chomsky의 "언어"와 "문법," 그리고 언어교육. 영어학특강 발표자료. 한성대학교.

박연미, 김양순. 1995. 「영어통사론강의」. 형설출판사.

배영남, 이정민, 김용석. 2000. 「언어학사전」. 박영사.

서수현. 1991. The Theory of Agreement for English Anaphora. Ph.D. dissertation. Seoul National University.

심양희. 1990. 비논항 결속. 「생성문법연구」제1호. 한국생성문법학회.

서동익. 1976.「칸트」(편집). 세계의 대사상 6. 철문출판사.

서수현. 1991. The Theory of Agreement for English Anaphora. Ph.D. dissertation. Seoul National University.

심양희. 1990. 비논항 결속. 「생성문법연구」제1호. 한국생성문법학회.

안성호. 1988. Korean Reciprocals and LF-movement. The Logical Form of Anaphora. The Linguistic Society of Korea. 1989.

안희돈, 김용석, 강명윤, 이숙희. 1996. *Morpho-Syntax in Transformational Generative Grammar*. 편저. 한국문화사.

양동휘. 1983. The Extended Binding Theory of Anaphora. Language Research 19.

양동휘. 1984. 확대 통제이론. 「어학 연구」20.1. 서울대학교 어학연구소.

양동휘. 1985. On the Integrity of Control Theory. *NELS* 15. 389-408.

양동휘. 1988. 「한국어의 대용화」. 한국연구양서 제58집. 한국연구원.

양동휘. 1989. On Anaphor Movement. *NELS 19*, 435-452.

양동휘. 1990. 대용화의 논리 형태. 「성곡논총」 제 21집. 719-760.

양동휘. 1991. Korean Anaphora and Universal Grammar. ms. Seoul National University.

양동휘. 1996. 「최소이론의 전망」. 한국문화사.

양동휘. 2010a. The Determinism Fallacy: Ambiguity of Interpretive Effects. Presented at the 2010 Seoul International Conference on Linguistics on June 24, 2010.

양동휘. 2010b. On the Notions of Feature Inheritance. Presented at the Joint Meeting of the Korean Generative Circle and the Joongwon Linguistic Society of Korea on Movember 6, 2010.

양현권. 1991. Zero Pronouns and the Speaker's Point of View. *Texas Linguistic Forum 32: Discourse*. The University of Texas.

윤종열, 김용석, 바승혀, 한학성. 1995. *Minimalist Approach to Syntax and Morphology*. 편저. 한국문화사.

이광호. 2007. 영어의 존재구문의 부정극어 및 결속/통제 현상에 관한 최소주의적 연구. 「생성문법연구」 17.1. 69-84. 한국생성문법학회.

이두원. 2007. Accusative-marked Indirect Objects with Ownership. 「생성문법연구」 17.1. 1-22. 한국생성문법학회.

이은지. 1994. Locality of Anaphoric Dependence and SUBJECT. 「생

성문법연구」 4.2, 357-370. 한국생성문법학회.

이익환. 1978. Pronominal anaphora in Korean. 어학연구 14.1.

이정민. 1973. *Abstract Syntax and Korean with Reference to English*. 범
문사.

이정민. 1988. Issues in Korean Anaphora, ICKL, 339-358.

이홍배. 1976. Notes on pronouns, reflexives and pronominalization.
Language Research 12.2. Seoul National University.

이홍배. 1987. On empty categories in Korean. 「언어」 12.2.

임영재, 김용석, 양동휘, 이홍배. 1991. 「지배-결속 이론의 기초」. 한신문
화사.

임홍빈. 1987. 「국어의 재귀사 연구」. 신구문화사.

임홍빈. 1987. 국어의 대용사 및 대명사 해석의 문제점. 한국언어학회 여름
연구회 주제발표 논문.

장석진. 1986. 조응의 담화 기능. 한글 194.

장영준. 1999. 「Chomsky, 끝없는 도전」.(Robert Barsky(1997)의 Noam
Chomsky: *A Life of Dissent*의 번역서) 서울: 도서출판 그린비.

조숙환. 1991. Null Subjects in Complements and Adjuncts in
Korean. ms. Sogang University.

채준기, 박영수. 1982. 「영어언어학」. 형설출판사.

철문출판사 전집. 1961. 「세계의 대사상」. 1-35권. 서울: 철문출판사.

최기용. 2006. 「Chomsky 2005 이후」(편집). 한국문화사 (한국생성문법학
회 편).

최재웅. 1987a. LF and Pied-Piping. *Linguistic Inquiry* 18. 348-353.

최재웅. 1987b. Anti-quantifiers and a Theory of Distributivity. Ph.D. dissertation. University of Massachusetts. Amherst.

홍성심. 1986. Some Constraints on Pronominal Binding. Linguistic Journal of Korea. 11.1. The Linguistic Society of Korea.

Abney, S. 1986. Functional elements and licensing. presented at GLOW.

Abney, S. 1987. *The English Noun Phrase in Its Sentential Aspect.* Ph.D. dissertation, MIT.

Akmajian, A. and F. W. Harry. 1975. *An Introduction to the Principles of Transformational Syntax.* MIT Press. Cambridge, Mass.

Aoun, J and D. Sportiche. 1983, On the Formal Theory of Government. *The Linguistic Review* 2. 211-236.

Aoun, J. 1981. "ECP, Move-α, and Subjacency," *Linguistic Inquiry* 12.4.

Aoun, J. 1982. The Formal Nature of Anaphoric Relations. Ph.D. dissertation. MIT.

Aoun, J. 1985. *A Grammar of Anaphora.* Cambridge: MIT Press.

Aoun, J. 1986. *Generalized Binding Theory: The Syntax and Logical From of Wh-interrogatives,* Foris, Dordrecht.

Aoun, J. and Y.A. Li. 1989. Constituency and Scope. *Linguistic Inquiry 20.* 141-172.

Aoun, J., N. Hornstein and D. Sportiche. 1981. Some aspects of wide scope quantification. Journal of Linguistic Research 1. 69-95.

Arnauld and Lancelot. 1660. *Port-Royal Grammaire générale et raisonnée.* Paris.

Arnauld and Nicole. 1662. *La logique ou l'art de penser, the Port-Royal Logic.* Paris.

Authier, J.-M.P. 1988. Null Object Constructions in KiNande, *Natural Language and Linguistic Theory 6.* 19-38.

Baker, M and K. Hale. 1990. Relativized Minimality and Pronoun Incorporation. *Linguistc Inquiry* 21, 289-297.

Baker, M. 1985. Incorporation: A Theory of Grammatical Function Changing. Ph.D. dissertation. MIT.

Baker, M. 1988. *Incorporation: A Theory of Grammatical Function Changing,* University of Chicago Press, Chicago.

Baltin, Mark R. 1982. A Landing Site Theory of Movement Rules. *Lingustic Inquiry* 13. 1-38.

Barsky Robert. 1997. *Noam Chomsky: A Life of Dissent.* Stoddart Publishing Co. Ontario, Canada.

Battistella, E. 1987. Chinese reflexivization. ms. University of Alabama at Birmingham.

Bayer, J. 1983. COMP in Bavarian Syntax. *The Linguistic Review* 3. 209-274.

Bayer, J. 1984. Towards an Explanation of Certain *That-t*

Phenomena: the COMP-node in Barbarian. De Geest, W. and Putseys, Y. (eds.) *Sentential Complementation.* pp. 23-32.

Belletti, A and L. Rizzi. 1988. Psych verbs and θ-theory. *Natural Language & Linguistic Theory* 6. 291-352

Belletti, A. 2004. (ed.) *Structures and Beyond-The Cartography of Syntactic Structure*, Vol 3. Oxford.

Berko, J. 1958. The Child's Learning of English Morphology. *Word.* pp. 150-77.

Berwick, R., P. Pietroski, B. Yankama and N. Chomsky. 2011. Poverty of the stimulus revisited. *Cognitive Science* 35, 7.

Berwick, R. and N. Chomsky. 2011b. In The Biolinguistic Program: The Current State of its Evolution and Development.

Bickerton, D. 1987. He Himself: Anaphor, Pronoun, Or...? *Linguistic Inquiry* 18: 345-348.

Bolhuis, J. J., I. Tattersall, N. Chomsky, and R. C. Berwick. 2014. How could language have evolved? *PLOS Biology*, 12.8.

Borer, H. 1984. *Parametric Syntax.* Foris, Dordrecht.

Borer, H. 1989. Anaphoric AGR. The Null Subject Parameter. ed. by O. aeggli and K. J. Safir. SNLLT.

Borer. H. 2005a. *In Name Only. Structuring Sense*, Vol. I. Oxford: OUP.

Borer. H. 2005b. *The Normal Course of Events. Structuring Sense,*

Vol. II. Oxford: OUP.

Borer. H. 2013. *Talking Form: Structuring Sense*, Vol. III. Oxford: OUP.

Borer. H. 2014. The category of roots. In *The Syntax of Roots and the Roots of Syntax*, A. Alexiadow, H. Borer, and F. Schafer (eds.). Oxford: OUP.

Borsley, Robert D. 1983, A Note on Preposition Stranding. *Linguistic Inquiry* 14.2.

Bouchard, D. 1984. On the Content of Empty Categories. Dordrecht: Foris.

Bouchard, D. 1985. PRO, pronominal or anaphor. Linguistic Inquiry 16. 71-477.

Bresnan, J. 1982, The Passive in Lexical Theory. in J. Bresnan, ed., *The Mental representation of Grammatical Relation*. MIT.

Broadwell, G. 1988. Reflexive movement in Choctaw. *NELS* 18.

Browning, M. 1987. Null Operator constructions. Ph.D. dissertation. MIT.

Burzio, L. 1986. *Italian Syntax*. Reidel, Dordrecht.

Campos, H. 1986. Indefinite Object Drop. *Linguistic Inquiry 17*. 354-359.

Chater, N. and M. H. Christiansen. 2010. Language acquisition meets language evolution. *Cognitive Science 34*. 1131-1157.

Chomsky, N. 1955. The Logical Structure of Linguistic Theory. ms.

Chomsky, N. 1957. *Syntactic Structures.* Mouton, The Hague.

Chomsky, N. 1964. *Current Issues in Linguistic Theory.* Mouton, The Hague.

Chomsky, N. 1965. *Aspects of the Theory of Syntax.* MIT Press. Cambridge, Mass.

Chomsky, N. 1966. *Cartesian Linguistics: A Chapter in the History of Rationalist Thought.* Harper. New York.

Chomsky, N. 1968. *Language and Mind.* Harcourt Brace Jovanovich, New York.

Chomsky, N. 1970. Remarks on Nominalization. in R. T. Jacobs and P. S. Rosenbaum. (eds.) *English Transformational Grammar.* pp. 184-221.

Chomsky, N. 1972. *Studies in Semantics in Transformational Generative Grammar.* Mouton, The Hague.

Chomsky, N. 1973. Conditions on Transformations. in S. R. Anderson and P. Kiparsky. (eds.) A Festschirift for Marris Halle. Holt, Rinehart and Winston, New York. pp. 232-86.

Chomsky, N. 1975. *The Logical Structure of Linguistic Theory.* Plenum, New York.

Chomsky, N. 1976. *Reflections on Language.* Fontana, London.

Chomsky, N. 1977a. Essays on Form and Interpretation. New York: North Holland.

Chomsky, N. 1977b. On *Wh*-movement. in P. W. Culicover. (eds.)

Formal Syntax. pp. 71-132.

Chomsky, N. 1980. On Binding. *Linguistic Inquiry* 11. pp. 1-46.

Chomsky, N. 1981. *Lectures on Government and Binding*, Foris, Dordrecht.

Chomsky, N. 1982. *Some Concepts and Consequences of the Theory of Government and Binding.* MIT Press. Cambridge, Mass.

Chomsky, N. 1986a. *Knowledge of Language: Its Nature, Origin, and Use*, Praeger, New York.

Chomsky, N. 1986b. *Barriers*, MIT Press, Cambridge, Massachusetts.

Chomsky, N. 1991. Some Notes on Economy of Derivation and Representation. *Principles and Parameters in Comparative Grammar.* eds. by Robert Freidin. The MIT Press. Cambridge, Mass.

Chomsky, N. 1993. A Minimalist Program for Linguistic Theory. *The View from Building 20.* ed. by K. Hale and S. J. Keyser. Cambridge, MA: MIT Press.

Chomsky, N. 1994. Bare Phrase Structure, ms., MIT Occasional Papers in Linguistics, No 5.

Chomsky, N. 1995. *The Minimalist Program*, Cambridge, MA: MIT Press.

Chomsky, N. 1996. Some Observations on Economy in Transformational Generative Grammar, ms. MIT.

Chomsky, N. 1997. Language and Mind: Current Thoughts on Ancient Problems. ms. MIT.

Chomsky, N. 1998. Minimalist Inquiries: the Framework. MIT Occasional Papers in Linguistics, No 15. MIT. (Also published in R. Martin, D. Michaels and J. Uriagereka (ed.). 2000. *Step by Step: Essays on Minimalism in Honor of Howard Lasnik*. MIT Press. pp. 98-155.)

Chomsky, N. 1999. Derivation by Phase. ms.

Chomsky, N. 2001. Derivation by Phase. In M. Kenstowicz (ed.). *Ken Hale: A Life in Language*. MIT Press. 1-52. (Also published in MIT Occasional Papers in Linguistics No. 18. 1999.)

Chomsky, N. 2004. Beyond Explanatory Adequacy. In A. Belletti(2004. *ed.*).

Chomsky, N. 2005. Three Factors in the Design of Language. *Linguistic Inquiry* 36. 1-22. (Expanded from talk at 2004 LSA conference.)

Chomsky, N. 2006. Approaching UG from below. ms. MIT.

Chomsky, N. 2008. On phases. In *Foundational Issues in Linguistic Theory. Essays in Honor of Jean-Roger Vergnaud*, Robert Freidin, Carlos P. Otero, and Maria Luisa Zubizarreta (eds), 291-321. Cambridge MA: MIT Press.

Chomsky, N. 2013. Problems of Projection. *Lingua* 130. 33-49.

Chomsky, N. 2014. How could language have evolved? Citation: Bolhuis et al.(2014), How could language have evolved? *PLOS Biology*, 12.8.

Chomsky, N. 2015. Problems of Projection: Extensions. In *Structures, strategies and beyond: Studies in Honour Adriana Belletti.* E. Di Domenico, C. Hamann and S. Matteini (eds.). Amsterdam: Benjamin, 1-16.

Chomsky, N. and H. Lasnik. 1991. *Principles and Parameters Theory*, ms., MIT.

Chomsky, N. and H. Lasnik. 1993. The Theory of Principles and Parameters. In *Syntax: An International Handbook of Contemporary Research.* J. Jacobs, A. von Stechow, W. Sternefeld, and T. Vennemann, (eds.), Berlin: de Gruyter.

Chung, S. 1984. Identifiability and Null Objects in Chmorro. In C.Brugman and M. Macaulay. eds. *Proceedings of the Tenth Annual Meeting.* BLS.

Cole, P and C. Wang. 1996 Antecedents and Blockers of Long-Distance Reflexive: The Case of Chinese *Ziji*. *Linguistic Inquiry* 27.

Cole, P. 1987. Null Objects in Universal Grammar. *Linguistic Inquiry 18.* 597-612.

Cole, P. and L.-M. Sung. 1994. Head Movement and Long-Distance Reflexives. *Linguistic Inquiry* 25.

Cole, P., G. Hermon and L.-M. Sung. 1990. Principles and Parameters of Long Distance Reflexives, *Linguistic Inquiry* 21.

Collins, C. 1997. *Local Economy.* Linguistic Inquiry Monograph 29. The MIT Press.

Collins, C. 2002. Eliminating labels. In *Derivation and Explanation in the Minimalist Program,* S. D. Epstein and T. D. Seely (eds.), Oxford: Blackwell. 42-64.

Contreras, H. 1984. A Note on Parasitic Gaps. *Linguistic Inquiry* 15.

Contreras, H. 1989. A Unified Account of Null Operator Structures. ms. MIT.

Darwin, C. 1872. *The Origin of Species.* (6th ed.) Modern Library. New York.

Embrick, D, 2010. *Localism and Globalism in Morphology and Phonology.* MA: MIT Press.

Embrick, D, and A. Marantz. 2008. Architecture and blocking. *Linguistic Inquiry* 39.1. 1-53.

Emonds, J. 1970. Root and Structure-preserving Transformations. ms. Indiana University.

Emonds, J. 1976. *A Transformational Approach to Syntax.* Academic Press. New York.

Engdahl, E. 1981. Parasitic Gaps. Paper presented at the University of Massachusetts, Amherst, January 1981, at

Sloan Workshop on Processing of Unbounded Dependencies.(also published in Linguistics and Philosophy 6. 5-34.)

Evans, G. 1980. Pronouns. *Linguistic Inquiry* 11. 337-362.

Everaert, M. and E. Anagnostopoulou. 1966. Thematic Hierarchies and Binding Theory: Evidence from Greek. Paper presented at Internet Conference of Linguistics.

Evers, A. 1975. *The Transformational Cycle in Dutch and German.* Indiana University Linguistic Club. Bloomington.

Fillmore, C. J. 1963. The Position of Embedding Transformations in a Grammar. *Word* 19. 208-231.

Fodor, J. A. 1978. Parsing Strategies and Constraints on Transformations. *Linguistic Inquiry* 9. 427-473.

Fodor, J. A. and J. J. Katz. 1964. The Structure of Language: Readings in the Philosophy of Language. Englewood Cliff. Prentice-Hall, N.J.

Fontaine, N. 1736. *Memoires Pour Servir A L'Histoire de Port-Royal.* Autrecht.

Frampton, J. 1995. Expletive Insertion. *Proceedings of the Berlin Workshop on the Role of Economy Principles in Linguistic Theory.* Springer-Verlag.

Fries, Charles C. 1952. *The Structure of English.* Harcourt. New York.

Fukui, N. 1986. A Theory of Category Projection and Its Application. Ph.D. dissertation. MIT.

Giorgi, A. 1984. Toward a Theory of Long Distance Anaphora: a GB approach. *The Linguistic Review* 3.

Grodzinsky, Y and L. Finkel. 1998. The Neurology of Empty Categories: Aphasics' Failure to Detect Ungrammaticality. *Journal of Cognitive Neuoscience* 10.2.

Guasti, M. T. and L. Rizzi. 2002. Agreement and tense as distinct syntactic positions: Evidence from acquisition. In *Foundational Structure in DP and IP: The Cartography of Syntactic Structures*, Vol. 1, G. Cinque (ed.), Oxford: OUP. 167-194.

Haegeman, L. 1983. *Die* and *dat* in West-Flemixh Relative Clauses. *Linguistics in the Netherlands*. 83-91.

Haegeman, L. 1993. *Introduction to Government and Binding Theory*. 2nd edition. Blackwell. Oxford.

Haïk, I. 1984. Indirect Binding. *Linguistic Inquiry* 15. 185-223.

Hale, K and Keyser, S.J. 2003. On Argument Structure and the Lexical Expression of Semantic Relations. *The View from Building 20*. ed. by K. Hale and S. J. Keyser. Cambridge, MA: MIT Press.

Hale, K and S. J. Keyser. 1991. On the Syntax of Argument Structure. *Lexicon Project Working Papers 7*. Center for

Cognitive Science, MIT.

Hale, K. 1987. Incorporation and the Irish Syntactic Verb Froms. ms. MIT.

Harman, G. 1974. *On Noam Chomsky: Critical Essays.* (eds.) Anchor Press. New York.

Harman, G. 1994. A review of Chomsky, *Cartesian Linguistics.* in *Noam Chomsky Critical Assessments II.* ed. by Carlos P. Otero. Routledge. London and New York.

Hasegawa, N. 1984/85. "On the So-called "Zero Pronouns" in Japanese," *The Linguistic Review 4.* 289-341.

Heim, I., H. Lasnik and R. May. 1988. Reciprocity and plurality. *Essays on Logical Form.* ed. by R. May.

Higginbotham, J. 1983. Logical Form, Binding, and Nominals. *Linguistic Inquiry 14.3.*

Hiraiwa, K. 2005. Dimension of Symmetry in Syntax: Some Remarks on the Evolution of Linguistic Theoy. Ph.D dissertation. MIT.

Holmberg, A. 1986. Word Order and Syntactic Features in the Scandinavian Languages and English. Ph.D dissertation. University of Stockholm.

Hornstein, N. and A. Weinberg. 1981. "Case Theory and Preposition Stranding," *Linguistic Inquiry* 12.1.

Hornstein, N. and D. Lightfoot. 1984. Rethinking predication. ms.

University of Janeland.

Hornstein, N. and D. Sportiche. 1984. Some Aspects of Wide Scope Quantification. ms, MIT.

Huang, C.-T. J. 1981. Move *Wh* in a Language without *Wh*-movement. *The Linguistic Review* 1.

Huang, C.-T. J. 1982. *Logical Relations in Chinese and the Theory of Grammar*, Doctoral dissertation, MIT.

Huang, C.-T. J. 1983. A Note on the Binding Theory. *Linguistic Inquiry* 14. 554-561.

Huang, C.-T. J. 1984. On the Distribution and Reference of Empty Pronouns, *Linguistic Inquiry 15*. 531-574.

Huang, C.-T. J. 1987. Remarks on Empty Categories in Chinese. *Linguistic Inquiry* 18, 321-337.

Huang, C.-T. J. 1989. Pro-Drop in Chinese: A General Control Theory, *The Null Subject Parameter*, ed. by O. Jaeggli and K. J. Safir, SNLLT.

Huang, C.-T. J. 1991. Remarks on the Status of the Null Object. *Principles and Parameters in Comparative Grammar*. ed. by Robert Freidin. The MIT Press.

Huang, C.-T. J. and J. Tang. 1989. The Logical Nature of the Long-distance Reflexive in Chinese, *NELS* 19.

Humboldt, Wilhelm von. 1960. *Über die Verschiedenheit des menschlichen Sprachbaues und ihrenEinfluss auf die geistige*

Entvickenlung des Menschengeschlechts. ed. by Dümmler. Bonn.

Huybregts, R. and H. van Riemsdijk, 1982. *Noam Chomsky on the Generative Enterprise.* Foris Dordrecht.

Iatridou, S. 1988. Clitics, Anaphors and a Problem of Coindexation. *Linguistic Inquiry 19.* 698-703.

Jackendoff, R. S. 1977. *X-bar Syntax: A Study of Phrase Structure.* MIT Press. Cambridge, Mass.

Jaeggli, O. 1982. *Topics in Romance Syntax.* Dordrecht: Foris.

Jaeggli, O. and K.J. Safir. 1989. The null subject parameters and parametric theory. The Null Subject Parameter. ed. by O. Jaeggli and K. J. Safir. SNLLT.

Jonas, D. 1994. Clause Structure Expletives and Verb Movement. ms. Harvard University.

Kampf, L. 1994. A review of Chomsky, *Cartesian Linguistics. in Noam Chomsky Critical Assessments II.* ed. by Carlos P. Otero. Routledge. London and New York.

Kant, I. 1924. *Kritik der Urteilskraft.* Herausgegeben von Karl Vorländer(*Der Philosophische Bibliothek Band* 39).

Katada, F. 1989. What Can Long-Distance Anaphora Say about Operator Systems in Syntax? *NELS 19.* 249-263.

Katalin, É Kiss. 1991. The Primacy Condition of Anaphora and Pronominal Variable Binding. In Koster & Reuland 1991.

245-263.

Katz, J. J. and J. A. Fodor. 1963. The Structure of a Semantic Theory. reprinted in Fodor and Katz. 1964.

Katz, J. J. and P. M. Postal. 1964. *An Integrated Theory of Linguistic Descriptions*. MIT Press. Cambridge, Mass.

Kayne, R. 1981a. De certains différences entre le francais et l'anglais. *Language* 60, 47-64

Kayne, R. 1981b. ECP Extensions. *Linguistic Inquiry* 12.1.

Kayne, R. 1983. Connectedness. *Linguistic Inquiry* 14.2. 223-249.

Kayne, R. 1984a. *Connectedness and Binary Branching*, SGG 16, Foris, Dordrecht.

Kayne, R. 1994b. *The Antisymmetry of Syntax*. MIT Press. Cambridge, Mass.

Keyser, S. J. 1993. On Argument Structure and the Lexical Expression of Syntactic Relations. In K. Hale and S. J. Keyser (eds) *The View from Building 20: Essays in Linguistics in Honor of Sylvain Bromberger*. MIT Press. Cambridge, Mass.

Keyser, S. J. and T. Roeper. 1984. On the Middle and Ergative Constructions in English. *Linguistic Inquiry* 15, 381-416.

Koopman, H. and D. Sportiche. 1981. variables and the bijection principle. The Linguistic Review 2. 135-170.

Kuno, S. 1987. *Funtional Syntax: Anaphora, Discourse and Empathy*.

Chicago: University of Chicago Press.

Larson, R. 1988. On the Double Object Construction. *Linguistic Inquiry* 19. 335-391.

Lasnik, H. 1976. Remarks on Coreference. *Linguistic Analysis 12*, 1-23.

Lasnik, H. 1986. Topics on Government-Binding Theory. ms. University of Connecticut.

Lasnik, H. 1991. On the necessity of binding conditions. Principles and Parameters in Comparative Grammar. ed. by Robert Freidin. The MIT Press.

Lasnik, H. 1992. Case and Expletives: notes toward a parametric account. *Linguistic Inquiry* 23.2.

Lasnik, H. 1993. Lectures on Minimalist Syntax. Presented at SICOGG '93. Organized by Korean Transformational Generative Grammar Circle.

Lasnik, H. 1995a. Case and Expletives Revised: on Greed and other human failings. *Linguistic Inquiry* 27.3.

Lasnik, H. 1995b. Lectures on Minimalist Syntax. *Minimalist Approaches to Syntax and Morphology*. Korean Transformational Generative Grammar Circle.

Lasnik, H. 1999. *Minimalist Analysis*. MIT Press.

Lasnik, H. and J. Uriagereka. 1988. A Course in GB Syntax: Lectures on Binding and Empty Categories. Cambridge,

MA: MIT Press.

Lasnik, H. and M. Saito. 1984. On the Nature of Proper Government. *Linguistic Inquiry* 15.2.

Lebeaux, D. 1983. A Distributional Difference between Reciprocals and Reflexives. *Linguistic Inquiry* 14.4.

Lebeaux, D. 1988. Language Acquisition and the Form of the Grammar. Ph.D. dissertation. University of Massachusetts. Amherst.

Lenneberg, Eric. 1967. *Biological Foundations of Language.* New York: Wiley.

Longobardi, G. 1984a. Connectedness, Scope and C-Command. presented in GLOW, PISA.

Longobardi, G. 1984b. Reference and Proper Names: A Theory of N-Movement in Syntax and Logical Form. *Linguistic Inquiry* 25. 609-665.

Manzini, M. R. 1983. On control and control theory. *Linguistic Inquiry* 14. 421-446.

Marantz, A. 1981. *On the Nature of Grammatical Relations.* Ph.D. dissertation. MIT

Marantz, A. 1984. *On the Nature of Grammatical Relations.* MA: MIT Press.

Marantz, A. 1997. No escape from syntax: Don't try morphological analysis in the privacy of your own lexicon. *University of*

Pennsylvania Working Papers in Linguistics 4.2. 201-225.

Marantz, A. 2013. Locality domains for contextual allomorphy across the interfaces. In *Distributed Morphology Today: Morphemes for Morris Halle,* O. Matushansky and A. Marantz (eds.). MA: MIT Press. 95-115.

May, R. 1977. The Grammar of Quantification. Ph.D. dissertation. MIT.

May, R. 1985. *Logical Form: Its Structure and Derivation.* MA: MIT Press.

McCloskey, J. 1979. *Transformational Syntax and Model Theoretic Semantics.* Reidel Dordrecht.

McCloskey, J. and K. Hale. 1984. On the syntax of person-number inflection in modern Irish. Natural Language and Linguistic Theory 1. 487-534.

Miller, G. A., E. Galanter and K. H. Pribram. 1960. Plans and the Structure of Behavior. Holt, Rinehart, & Winston, New York.

Milsark, G. 1974. Existential Sentences in English. Doctoral dissertation. MIT.

Montalbetti, M. 1984. After Binding. Ph.D. dissertation. MIT.

Moon, G.-S. 1998. Expletives and Case-feature Checking. *Korean Journal of Linguistics* 24.4.

Moon, G.-S. 2000. Agreement in English Existential

Constructions. *The Journal of English Language and Literature 64.4.*

Moro, A. 2000. *Dynamic Antisymmetry.* MIT. Cambridge. MA.

Musso, M., A. Moro, V. Gluanche, M. Rijntjes, J. C. Bücheli, and C. Weiller. 2003. *Nature Neuroscience 6.* 774-781.

Newmeyer F. J. 1980. *Linguistic Theory in America: The First Quarter-Century of Transformational Generative Grammar.* Academic Press. New York.

Ouhalla, Jamal. 1999. I*ntroducing Transformational Grammar from principles and parameters to Minimalism.* Oxford University Press.

Perlmutter, D. M. 1971. Deep and Surface Structure Constraints in Syntax(Constraints). New York: Holt, Rinehart & Winston.

Perlmutter, D. M. 1978. Impersonal Passives and the Unaccusative Hypothesis. In *Proceedings of the Fourth Annual Meeting of the Berkerly Linguistics Society.* Berkeley Linguistic Society, University of California, Berkeley.

Pesetsky, D. 1982. Paths and Categories. Ph.D. dissertation. MIT.

Pesetsky, D. 1984. *Wh*-in-situ: movement and unselective binding. ms.

Pesetsky, D. 1987. *Wh*-in-situ: movement and unselective binding. in The Representation of(In)definiteness. Cambridge, MA: MIT Press.

Pica, P. 1987. On the Nature of the Reflexivization Cycle, *NELS 17*, 483-499.

Pollard, C and I. Sag. 1992. Anaphors in English and the Scope of the Binding Theory. *Linguistic Inquiry* 23. 261-305

Pollock, J.-Y. 1989. Verb Movement, Universal Grammar, and the Structure of IP. *Linguistic Inquiry* 20. 365-424.

Postal, P. 1986. On So-called 'Pronouns' in English, in D. Reibel and S. Schane, eds., *Modern Studies in English*, Prentice-Hall, Englewood Cliffs, New Jersey.

Progovac, L. 1993. Long Distance Reflexives: Movement-to-Infl versus Relativized SUBJECT. *Linguistic Inquiry* 24. 755-772.

Radford, A. 1988. *Transformational Grammar*. Cambridge University Press. New York

Raposo, E. 1986. The Null Object in European Portuguese. *Studies in Romance Linguistics*. ed. by O. Jaeggli and C. Silva-Corvalan. 373-390. Dordrecht: Foris.

Read, C and V. Chou Hare. 1979. Children's Interpretation of Reflexive Pronouns in English. In *Studies in First and Second Language Acquisition*, ed. Fred R. Eclman and Ashley J. Hastings. 98-116. Rowley, Mass.: Newbury House.

Reinhart, T. 1976. The Syntactic Domain of Anaphora. Ph.D. dissertation. MIT.

Reinhart, T. 1987. Specifier and Operator Binding. *Representation of(In)definiteness*. Cambridge, MA: MIT Press.

Reinhart, T. and E. Reuland. 1993. Reflexivity. *Linguistic Inquiry* 24. 657-720.

Reuland, E. 1983. Government and the Search for AUXES. in Heny and Richards 1983. 99-168.

Richards, M. 2019. Problems of 'Problems of Projection': Breaking a conceptual tie. Catalan Journal of Linguistics Special Issues. 139-152.

Riemsdijk, H. van and E. Williams. 1986. Introduction to the Theory of Grammar. The MIT Press. Massachusetts: Cambridge.

Rizzi, L. 1982. *Issues in Italian Syntax*. Foris, Dordrecht.

Rizzi, L. 1986. Null Objects in Italian and the Theory of *pro*. *Linguistic Inquiry 17*. 501-557.

Rizzi, L. 1987. Relativzed Minimality. ms. Université de Genève & University of Stanford.

Rizzi, L. 1990. *Relativized Minimality*, Linguistic Inquiry Monograph 16, MIT Press, Cambridge, Massachusetts.

Rizzi, L. 2010. On some properties of criterial freezing. In *The Complementizer Phase: Subjects and Operators*, E Phoevos Panagiotidis (ed.) 17-32. Oxford: OUP.

Rizzi, L. 2015. Notes on labeling and subject positions. In *Structures, strategies and beyond: Studies in Honour Adriana*

Belletti. E. Di Domenico, C. Hamann and S. Matteini (eds.). Amsterdam: Benjamin, 17-46.

Rizzi, L. and A. Belletti. 1988. Psych-verbs and θ-theory. Natural Language and Linguistic Theory 6. 291-351.

Ross, J. R. 1967. Constraints on Variables in Syntax. Ph.D. dissertation. MIT.

Rothstein, S. 1983. The Syntactic Form of Predication. Ph.D. dissertation. MIT.

Rouveret, A. and J.-R. Vergnaud. 1980, "Specifying reference to the Subject," *Linguistic Inquiry* 11.1

Rutten, J. 1991. Infinitival Complements and AUXiliaries. (Amsterdam Studies in Transformational Generative Grammar 4). University of Amsterdam.

Ruzicka, R. 1983. Remarks on Control. *Linguistic Inquiry* 14. 309-324.

Safir, K. 1982. Syntactic Chains and Definiteness Effect. Ph.D. dissertation. MIT.

Safir, K. 1984. Multiple Variable Binding. *Linguistic Inquiry* 15. 603-638.

Saito, M. and H. Hoji. 1983. Weak Crossover and Move-α in Japanese. *Natural Language and Linguistic Theory* 1. 245-259.

Saussure, F. 1916. *Cours de Linguistique Générale.* (ed.) C. Bally and

A. Sechehaye. Paris.

Searle, J. 1974. Chomsky's Revolution in Linguistics. in *On Noam Chomsky: Critical Essays.* (eds.) Harman, G. 1974. Anchor Press. New York.

Sherman, M. 2007. Universal genome in the origin of metazoa: thoughts about evolution. Cell Cycles 6 (15), 1873-1877.

Siegel, D. 1984. *Topics in English Morphology.* Ph.D. dissertation. MIT.

Smith, N. and I. Tsimpli. 1996. *The Mind of a Savant.* Blackwell, Oxford.

Soames, S and D. M. Perlmutter. 1979. Syntactic Argumentation and the Structure of English. UC Press. Berkeley.

Speas, M. 1986. Adjunction and Projection in Syntax. Ph.D. dissertation. MIT.

Stowell, T. 1981. Origins of Phrase Structure. Ph.D. dissertation. MIT.

Stowell, T. 1983. Subjects across Categories. *The Linguistic Review* 2. 285-312.

Sung, L.-M. 1990. Universals of Reflexives. Ph.D. dissertation. MIT.

Svenonius, P. 2003. On the Edge. ms. Tromso.

Taraldsen, T. 1981. The Theoretical Interpretation of a Class of Marked Extractions. in A. Belletti, L. Brandi and L. Rizzi. eds. *Theory of Markedness in Transformational Generative*

Grammar. (Proceedings of the 1979 GLOW conference.) Scuola Normale Superiore. Pisa.

Tatersall, I. 1998. *The Origin of Human Capacity.* American Museum of National History. New York.

Tomasello, M. 2006. Acquiring Linguistic Constructions. In *Handbook of Child Psychology. 2. Cognition, Perception, and Language.* W. Damon, R. Lerner, D. Kuhn, and R. Siegler (eds). New York: Wiley. 255-298.

Torrego, E. 1981. Spanish as a Pro-Drop Language. ms. University of Massachusetts. Boston.

Torrego, E. 1985. On Empty Categories in Nominals. ms. University of Massachusetts. Boston.

Travis, L. 1984. Parameters and the Effects of Word Order Variation. Ph.D. dissertation. MIT.

Wallace, A. R. 1989. *Darwinism.* MacMillan and Co.

Williams, E. S. 1980. Predication. *Linguistic Inquiry* 11. 203-238.

Williams, E. S. 1989. The Anaphoric Nature of θ-roles. *Linguistic Inquiry* 20. 425-456.

Xu, L. 1986. Free Empty Category. *Linguistic Inquiry* 17. 75-93.

Yoon, J. 1988. Single and Compound Reflexives in Korean, ms. University of Illinois, Urbana.

찾아보기

Index

용어색인

영·한 용어번역 일람

(A)

A′-movement ｜ 비논항이동
abduction ｜ 논리부재
actual world ｜ 실세계
ad hoc stipulation ｜ 특정약정
affix ｜ 접사
agreement feature ｜ 일치자질
agreement richness ｜ 일치 풍부성
ambiguity ｜ 중의성
A-movement ｜ 논항이동
analogy ｜ 유추
anaphoric relation ｜ 대용적 관계
antecedent-contained deletion: ACD ｜
　　선행사포함삭제
A-position ｜ 논항의 위치
apparent imperfections ｜ 외견상의
　　비완벽성
architectural constraints ｜ 구성적 제약
argument structures ｜ 논항구조
Aristotle's dictum ｜ 아리스토텔레스의 선언
artificial language ｜ 인공언어
atom ｜ 핵심
audible thinking ｜ 청각화된 사고
Aux-inversion ｜ 조동사도치
AUX-raising ｜ 조동사인상

(B)

bare phrase structure ｜ 필수구구조
Bare Phrase Structure: BPS ｜
　　필수구구조이론
bar-level ｜ 범주계층
basic principle: BP ｜ 생성문법의 기본원리
basic properties ｜ 기본특성
behaviorism ｜ 행동주의
binary Merge ｜ 이분지 병합
binary substitution operation ｜ 두 갈래
　　대체작용
binding theory ｜ 결속이론
bio-linguistic perspective ｜ 생물언어학적
　　관점
Bio-linguistics ｜ 생물언어학
body language ｜ 몸짓언어

(C)

C→∅ ｜ C의 삭제
Cambrian explosion ｜ 캠브리언 폭발
canalization ｜ 수로화
cartographic hierarchies ｜ 계층적 구조형상
Case feature ｜ 격자질
categorial feature ｜ 범주자질
c-command ｜ 성분통어
C-deletion ｜ C-삭제

Chomskyan Revolution | Chomsky 혁명
CI interpretation | 개념의도접합부의 해석
CI interpretation | 개념의도체계의 해석
CI-interface | 개념의도접합부
Cogito | 고기토
Cogito | 사유실체
cognitive faculty | 인지기능
cognitive system | 인지체계
cognoscitive powers | 인지력
coherent structural system | 일관된
　구조체계
communication | 의사소통
communication system | 의사소통체계
communicative efficiency | 의사소통의
　효율성
complement | 보충어
compositionality | 구성성
compositionality | 합성성
computation | 연산
computational cognitive science |
　전산인지과학
computational complexity | 연산의 복잡성
computational efficiency | 연산의 효율성
computational linguistics | 전산언어학
computational system; CHL | 연산체계
conceptual necessity | 개념적 필연성
considerable mystery | 괄목할 신비
constituent | 구성소
contiguous relation | 인접관계
control theory | 통제이론
convergence | 수렴
coordinate structure constraint: CSC |
　등위접속구조제약
Copernican revolution | 코페르니쿠스적
　혁명

copy deletion | 복사의 삭제
copy theory | 복사이론
corpus | 언어자료
corpus linguistics | 자료언어학
counter-cyclicity | 역순환성
criterial freezing | 기준결빙
criterial freezing) 현 | 기준결빙
criterial position | 기준위치
C-selection | 범주선택
cycle | 순환단위
cyclic Merge | 순환병합

(D)

Darwin's Problem | 다윈의 문제
deductive reasoning | 연역적 추론
descriptive adequacy | 기술적 타당성
descriptive generalization | 기술적 일반성
Descriptive Linguistics | 기술언어학
design specification | 설계도
discourse-related information | 담화관련
　정보
discourse-related properties | 담화관련
　특성
discourse-related surface interpretation:
　INT | 담화상 표면해석
Discovery Procedure | 발견과정
displacement | 전위
distinctive features | 변별자질
Distributed Morphology: DM | 분배형태론
dogma | 통설적 주장
dynamic anti-symmetry | 역동적 반대칭
dynamic anti-symmetry principle | 역동적
　반대칭의 원리

(E)

EA ｜ 외재논항
ECM construction ｜ 외외격표시구문
ECM constructions ｜ 예외적격표시구문
economy ｜ 경제성
economy condition ｜ 경제성조건
ECP-effect ｜ ECP의 효과
ECP-effect ｜ 공범주원리의 효과
edge ｜ 외곽
edge properties ｜ 외곽특성
edge-feature: EF ｜ 외곽자질
efficiency ｜ 효율성
empirical discovery ｜ 실증적 발견
empirical evidence ｜ 실증적 증거
empirical inquiry ｜ 실증적 연구
Empiricism ｜ 경험론
Empiricism ｜ 실증주의
Empiricist Perspective ｜ 실증주의적 관점
empty category principle: ECP ｜
　　공범주원리
endocentric structure ｜ 내심적 구조
endocentricity ｜ 내심성
Endocentricity Constraint ｜ 내심성제약
escape hatch ｜ 탈출구
evidence ｜ 경험적 자료
evolional change ｜ 진화적인 변화
evolutionary and developmental biology ｜
　　진화성장생물학
evolutionary mystery ｜ 진화론적 신비
exceptional Case Marking ｜ 예외격표시
existence thesis ｜ 존재론
exocentric labeling model ｜ 외심적 표찰화
　　모형

exocentric structure ｜ 외심구조
exotic phenomena ｜ 이색적인 문법현상
explanatory adequacy ｜ 설명적 타당성
expletive subject ｜ 허사주어
extended projection principle: EPP ｜
　　확대투사원리
Extensio ｜ 연장실체
extension condition ｜ 확장조건
external languages: E-language ｜
　　외재언어
external Merge: EM ｜ 외부병합
externalist approach ｜ 외재론적 접근
externalization ｜ 외현화

(F)

faculty of language: FL ｜ 언어기능
feature inheritance ｜ 자질계승
feature-inheritance principle ｜ 자질계승의
　　원리
features ｜ 자질
Ferdinand de Saussure 1857-1913 ｜
　　소쉬르
filler-gap problems ｜ 충전물-공백의 문제
final state ｜ 최종상태
force feature ｜ 강요자질
free Merge ｜ 자유병합
free Merge Theory ｜ 자유병합이론
free multiple SPEC ｜ 자유복합지정어
free operation theory ｜ 자유작용이론
free relative ｜ 자유관계절
freezing phenomena ｜ 결빙 현상
functional category ｜ 기능범주
functional element ｜ 기능범주

functional elements ｜ 기능요소

(G)

garden path ｜ 정원통로
garden path sentence ｜ 정원통로문장
general biology ｜ 일반생물학
general principles ｜ 자연의 일반원리
generative challenge ｜ 생성문법적 도전
generative doctrine ｜ 생성문법적 신조
generative engine ｜ 생성엔진
generative enterprise ｜ 생성문법적 과업
generative garmmarians ｜ 생성문법론자
generative grammar ｜ 생성문법
generative procedure: GP ｜ 생성과정
generativist linguistics ｜ 생성주의 언어학
genetic component ｜ 유전적 영역
genetic endowment ｜ 유전적 자질
gibberish ｜ 횡설수설
Goal ｜ 목표물
God's Truth ｜ 신의 진리
good design ｜ 훌륭한 설계
gradualist evolution ｜ 점진주의 진화론
Great Leap Forward ｜ 위대한 도약
growth of language ｜ 언어성장

(H)

habit ｜ 습관
halting phenomena ｜ 정지현상
halting problem ｜ 정지의 문제
head ｜ 핵
head ｜ 핵범주
head movement ｜ 핵이동
head parameter ｜ 핵매개변인

head-final ｜ 핵후행
head-head construction ｜ 핵-핵 구조
head-head relation ｜ 핵-핵 관계
head-initial ｜ 핵선행
head-raising ｜ 핵인상
hierarchical structure ｜ 계층적 구조
hierarchical syntactic structures ｜ 계층적
　　통사구조
Hómo sápiens ｜ 호모사피엔스
homologous elements ｜ 상동요소
human capacities ｜ 인간능력
human languages ｜ 인간언어

(I)

IA ｜ 내재논항
I-language ｜ 개별언어
imperfection ｜ 비완벽성
inclusiveness condition ｜ 내포성조건
index ｜ 지표
indirect wh-interrogatives ｜
　　간접의문사의문문
induction ｜ 추론
infinite expressions ｜ 무수한 표현들
infinitive construction ｜ 부정사구문
infinitive particle ｜ 부정사소
inheritance of phasehood ｜ 국면성의 계승
initial state ｜ 최초상태
in-situ ｜ 제자리
instrument of communication ｜ 소통의
　　도구
instrument of thought ｜ 사고의 도구
interface ｜ 접합부
interface conditions: IC ｜ 접합부조건

minimal economical system | 최소의
경제적인 조직
minimal search | 최소탐색
minimal structural distance | 최소 구조적
거리
Minimalist program | 최소주의 프로그램
minimalist theory | 최소주의이론
minimality | 최소성
modern evolutionary biology |
현대진화생물학
Modern Evolutionism | 현대진화론
Modern Evolutionist Perspective |
현대진화론적 관점
morpheme | 형태소
morphological requirement | 형태론상의
요구
morphology | 형태론

(N)

narrow syntax: NS | 협소통사부
native speakers | 원어민
natural language | 자연언어
natural world | 자연세계
naturalism | 자연주의
naturalness | 자연성
Neo-Saussurianism | 신소쉬르주의
neuroscience | 신경과학
no label | 무표찰
no label | 표찰
no tampering condition: NTC | 불변경조건
non-existence thesis | 비존재론
non-exotic phenomena | 비이색적인 현상
non-syntactic operation | 비통사적인 작용

norm of neuroscience | 신경과학의 기준
NTC | 불변경조건
null subject languages | 영주어 언어
numeration: N | 배번집합

(O)

occurrences | 발현
old information | 구정보
one fell swoop movement | 직항이동
one-time assembly | 일괄적 조립
one-time collection | 일괄적 수집
optimal final states | 최적 최종상태
optimal types | 최적의 유형
optimality | 최적성
order | 어순
organ | 생체적 기관
organism's Umwelt | 유기체의 환경
organs within the brain | 두뇌 내부의 기관
outer SPEC | 외곽지정어

(P)

pair Merge | 쌍병합
parameterization | 매개변인화
parametric variation | 매개변인적 변이
parasitic gaps | 기생공백
parole | 파롤
parsing | 분해작용
particular languages | 개별언어
path-dependent evolutionary history |
경로-의존적 진화과정
perception and parsing | 지각과 분해작용
perfect system | 완벽체계
perfection | 완벽성

semantic multiplicity │ 의미적 다양성

semantic representation: SEM │ 의미표상

Sensitivity Component │ 감성부

sensori-motor system │ 감각운동체계

sentence │ 문장

set Merge │ 조병합

sign language │ 기호언어

simplest account of UG │ 최단순 체계의
　보문문법

simplest computational operation │
　최단순의 연산작용

simplest Merge │ 최단순 병합

Sinnlichkeit │ 감성

sister of contain │ 포함의 자매관계

skeptirism │ 회의론

SM externalization │ 감각운동접합부의
　외현화

SM externalization │ 감각운동체계의 외현화

SM interface │ 감각운동접합부

small clause │ 소절

SMT perspective │ 강력최소주의적 관점

SMT proposition │ 강력최소주의적 명제

SMT spirit │ 강력최소주의적 정식

sophists │ 소피스트

sound │ 음성

SPEC │ 지정어

SPEC-head agreement │ 지정어-핵 일치

SPEC-head structures │ 지정어-핵 구조

specialized mechanism │ 특별조직

specificity │ 특정성

SPEC-to-head │ 지정어-핵관계

Spell-Out: S-O │ 문자화

spoken instrumentality of thought │
　사고의 음성적 도구성

spoken language │ 구어

s-selection │ 의미선택

statistical analysis of corpora │ 통계적 분석

stipulated restrictions │ 약정제약

stipulation │ 특수약정

strict cycle condition │ 엄밀순환성조건

strict cycles │ 엄밀순환

strong extension condition │ 강확장조건

strong minimalist thesis: SMT │
　강력최소주의이론

structural ambiguity │ 구조적 중의성

structural distance │ 구조적 거리

Structural Grammar │ 구조문법

Structuralist Grammar │ 구조주의문법

structuralist linguistics │ 구조주의 언어학

structured coordination │ 구조적 접속

subject-object asymmetry │ 주어-목적어
　불균형

subject-predicate │ 주어-술어

subject-predicate construction │
　주어-술어구문

subject-raising construction │
　주어인상구문

substantial category │ 실질범주

substantive elements │ 실질요소

successive-cyclic movement │ 연속적
　순환이동

sudden and emergent evolution │
　돌연적이며 창발적인 진화

sudden and emergent)인 발 │ 돌연적이며
　창발적

superengineer │ 초기술자

symbol │ 기호

symbolic thought │ 상징적 사고

symmetric structure │ 대칭(적)구조
syntactic object: SO │ 통사대상
syntax-external operation │ 통사외적인 작용
system of thoughts │ 사고의 체계

(T)

tabula rasa │ 백지상태
tabula rasa │ 타불라 라사
telepathy │ 정신감응력
ternary substitution operation │ 세 갈래 대체작용
that-deletion │ that-삭제
that-t filter │ that-t 제거장치
theory-external │ 이론외적
toolkit │ 성장도구
trace │ 흔적
Traditional Grammar │ 전통문법
Transfer │ 양도
transformational component │ 변형영역
transformational generative grammar │ 변형생성문법
tree-diagram │ 수형도
trials-and-errors │ 시행착오
trigger │ 촉발자
T-to-C raising │ C로의 T의 인상
tucking in │ 끼워넣기

(U)

ubiquitous phenomenon │ 동시다발적 현상
UG │ 보편문법
unaccusative verb │ 비대격동사
unbounded Merge │ 무한계병합

uniformity principle │ 획일성원리
uninterpretable agreement features │ 비해석성의 일치자질
uninterpretable features │ 비해석성 자질
Universal Genome │ 보편적 유전자
universal grammar: UG │ 보편문법
universals │ 보편성
unmarked phenomena │ 무표적 현상
upper copy │ 상위복사
utterance │ 발화

(V)

variation and natural selection │ 변이와 적자생존
variational options │ 변이적 선택
verbal root │ 동사적 어근
Vernunft │ 이성
Verstand │ 지성
vP │ 동사구
V-raising │ 동사-인상
V-second phenomena │ V-둘째 현상

(W)

weak extension condition │ 약확장조건
white paper │ 백지
words │ 단어

(X)

X′-schemata │ 핵계층공식
X′-Theory │ 핵계층이론

(Y)

Y-Model theory │ Y-모형이론

(etc)

θ-role | 의미역

θ-structure | 의미역 구조

θ-theoretic argument structure |
　　의미역이론적 논항구조

θ-theoretic conditions | 의미역조건

ϕ-features | 파이자질

에필로그

Epilogue

아리스토텔레스(Aristoteles BC 384-322) 이후 서양철학의 기조
가 되어온 소위 '목적론적 세계관'을 '기계론적 자연관'으로 대체함으
로써 근대철학의 출발을 알린 데카르트(Renè Descartes
1596-1650)는 '인간은 신으로부터 창조되었으나 신으로부터 독립
된 본유적인 사유실체(고기토 Cogito)인 정신과 연장실체(Extensio)
인 신체를 가진 예외적인 이원적 존재'이라고 주장하는데, 이러한 주
장 이후 서양 철학사에는 인간의 사유체계인 인식체계의 본질에 대해
대륙의 합리주의자(Rationalists)(대표 철학자: Renè Descartes,
Baruch de Spinoza, Gottfried Wilhelm von Leibnitz 등)와 영국
의 경험주의자(Empiricists)(대표 철학자: John Locke, George
Berkeley, David Hume 등) 간에 치열한 공방이 계속되었다. 이러한
공방 속에서 18세기 독일의 철학자 임마누엘 칸트(Immanuel Kant
1724-1804)는 '이성이 진리를 인식할 수 있는 본유적인 능력'이라고
주장함으로써 대륙의 합리론자의 입장에 서게 되지만, 동시에 '이성은
진리에 이르기에 매우 허약한 기초'라고 주장함으로써 영국의 경험론

자의 입장을 부분적으로 수용한다.

합리주의와 경험주의의 공방은 20C 들어와서도 언어학과 여러 관련 분야에서 계속 이어진다. 본서 제1장에서 고찰해본 존재론(existence thesis)과 비존재론(nonexistence thesis)의 대립이 바로 그것이다. 그러나, 이러한 공방은 20C 중반에 발발한 소위 'Chomsky 혁명(Chomskyan Revolution)'과, 그것으로 촉발된 생성문법적 과업(generative enterprise)의 수많은 연구와 눈부신 공헌으로 종식되었다 해도 과언은 아니다. 더욱이 최근((Chomsky(2004) 이후) 강력최소주의이론(SMT)의 등장은 합리주의의 완전한 승리를 선언하는 Chomsky 혁명의 완성으로 평가된다.

생성문법적 과업의 1차적인 공로는 인간의 언어기능이야 말로 인간의 본유적인 사유실체인 '고기토'이며, 이것은 보편문법이란 매우 간단한 규칙(연산)의 체계로 이뤄졌다는 가정과 함께, 방대하고도 혁혁한 연구를 통해 이 가정이 사실임을 압도적으로 입증한 것이라 할 수 있다. 최근 생성문법적 과업의 한 결과로 등장한 강력최소주의이론(SMT)은 보편문법의 연산체계(C_{HL})가 인간의 진화과정에서 아주 최근(5만-10만 년 전)에 그것도 수백 년의 매우 짧은 시간에 돌연적이며 창발적(most recently, rapidly, suddenly and emergently)으로 발생했다는 사실을 밝혀내고, 그 연산체계는 '최소의 연산(MC)'이란 자연의 일반원리 하에서 두 대상을 결합하여 하나의 더 큰 대상을 만드는 매우 간단한 연산인 '병합(Merge)'이라고 주장하고 있다.

본서에서 소개한 Chomsky(2008, 2013, 2015)의 표찰화 이론은 강력최소주의적 명제에 따라 인간의 유일한 연산체계인 '병합'을 최대한 단순한 개념으로 정립하기 위해서 '병합'의 개념에서 '투사'의 개념을 분리하여, '투사'를 통사외적(syntax-external)인 표찰화 연산공식(LA)의 작용으로 기술함으로써 '병합'을 '최단순 병합(simplest Merge)'으로 단순화하고 있다. 이러한 '최단순 병합'의 발견은 언어의 발생이 인간의 진화과정에서 매우 짧은 시간에 창발적으로 이뤄졌다는 강력최소주의적 주장을 뒷받침하는 동시에, 언어의 발생에 대한 진화론적 신비(즉, 다윈의 문제(Darwin's Problem))을 푸는 열쇠가 된다고 Chomsky(2014)는 자평하고 있다.

과연, '최단순 병합'의 발견이 기술적 타당성(descriptive adequacy)과 설명적 타당성(explanatory adequacy)의 갈등 속에서 생성문법적 과업이 줄기차게 추진해오던 단순화(simplification) 작업의 종착지이련가? 과연, 언어 발생의 진화론적 신비가 '최단순 병합'의 가정으로 해결될 수 있으련가? 더 근원적인 의구심은, 자연의 원리와 접합부 조건(IC)을 최적으로 충족해야 한다던 그 언어기능이 과연 인간의 진화과정에서 매우 짧은 시간에 창발적으로 발생했으며, 그 실체가 바로 진화론적 신비를 풀 수 있을 정도로 매우 단순한 '최단순 병합' 단 하나이련가? Chomsky(2013, 2014, 2015)에 의하면, 5만 년-10만 년 전 현대인간의 조상인 호모사피엔스(Hómo sápiens)의 한 종족 사이에서 창발적으로 발현했으며, 그 언어기능은 더 이상의 진화적 변화를 이루기에는 오늘날까지 너무 짧은 시간이므로 발현 당시의 형태를 그대로 유지하고 있다고 본다. 그렇다면, '최단순 병합'은 아무런 진화적 변이도 없이 초기의 매우 단순한 형태를 오늘날까지 그대로 유지하고 있으며, '최단순 병합' 이외에 다른 언어기능은 결코 존재하지 않는다는 결론에 이른다. 만약, 유일한 인간의 언어기능인 '최단순 병합' 하나만으로 자연언어의 무한하고 복잡다단한 현상을 기술할 수 있는 길이 열린다면, 이는 생성문법적 과업에서 줄기차게 추진해오던 설명적 타당성(explanatory adequacy)을 극대로 성취하는 최적의 결과를 낳을 뿐만 아니라, 강력최소주의이론에서 희망하던 언어 발생의 진화론적 신비를 풀 수 있는 획기적인 계기가 된다고 평가할 수 있겠다.

Chomsky(2013, 2015)에서는 인간언어의 본질적 특성인 계층적 구조(hierarchical structure), 전위(displacement) 등의 현상이 '병합'의 실체적 존재를 입증해주는 강력한 증거가 된다고 주장한다. 왜냐하면, 이러한 특성들은 '병합'의 자유로운 연산작용으로 모두 포착할 수 있기 때문이다. 또한 인간의 언어를 데카르트의 주장처럼 무한히 생산적인 '사고의 언어(language of thought)'로 보았을 때, '병합'의 자유롭고 반복적인 연산작용은 사고(의미)의 기본적인 단위인 단어(words)들을 다양한 방법으로 연속적이며 반복적으로 결합함으로써 더 큰 단위의 더 복잡한 사고(의미)들을 무한정으로 도출할 수 있을 뿐만 아니라, 추리와 기획 등 가능세계에 대한 정신적 창조까지도 가능하게 한다는 차원에서도 그 실체적 존재가 보장된다고 할 수 있겠다. 이미 Chomsky(2013, 2015)에서는 어순, 투사 등 언어의 여러 주변적 특성들을 통사외적인 다른 작용으로 돌림으로써 '병합'만이 진화과정에서 발현한 인간의 유일한 언어기능임을 확인하려는 선제적 조치를 취한 바 있다.

그러나, 이러한 '병합'의 실체적 존재를 보장해 주는 인간언어의 특성들은 어휘들의 집합체인 어휘부(Lexicon)의 실존을 전제해야만 그 설명이 가능하다. 그렇다면, 어휘들은 어떻게 생겨났으며, 어휘부도 인간의 진화과정에서 '최단순 병합'과 함께 창발적으로 발현한 언어기능(인지체계)의 한 부문(component)이련가? 오늘날까지 생성문법적 과업 내에서는 그렇다고 전제해 왔다. 강력최소주의이론의 초기에 Chomsky(1999, 2004)에서는 언어기능(FL)의 최초상태 S_0는 인간언어의 기본특성(basic properties)인 자질(features)들의 집합체 {F}와 연산체계(C_{HL})로 이루어져 있다고 보았으며, 이중 {F}는 언어경험을 통해 개별언어에 노출됨으로써 개별언어에 활용될 하위 집합체인 [F]가 일괄적 수집(one-time collection)으로 결정되고, 또한 [F]의 구성요소들을 일괄적 조립(one-time assembly) 작용을 통해 그 개별언어의 어휘부를 만든다고 보았다. 이러한 가정을 인정한다 하더라도, 자질들의 집합체인 {F}의 진화적 발현은 '최단순 병합'의 발현보다도 더욱 깊은 진화론적 신비가 될 수밖에 없고, 언어마다 독자적인 '일괄적 수집'과 '일괄적 조립'의 작용도 '최소의 연산

(MC)'이란 차원에서 볼 때 매우 경이로울 뿐이다.

과연 {F}와 '최단순 병합'이 인간의 진화과정에서 창발적으로 발현한 인간언어의 실체이련가? 뿐만 아니라, '최단순 병합'의 개념을 구축하기 위해 '병합'의 작용에서 분리하여 통사외적인 '표찰화 연산 공식(LA)'으로 돌렸던 '표찰화의 연산'도 인간의 진화과정에서 창발적으로 발생한 인간의 본유적 '언어기능'이 아니련가? 만약 그렇다면, '병합'보다도 훨씬 복잡한 개념인 '표찰화 연산'의 창발적인 발생이야말로 변이와 적자생존(variation and natural selection)의 원리로 설명되지 않는 진화론적 신비이며 '다윈의 문제'가 아니련가? 설령, 이러한 복잡한 개념들의 언어기능들을 모두 '어순'과 마찬가지로 통사외적인 기능으로 돌린다 하더라도, 이들 언어기능이 '병합'과 함께 인간의 진화과정에서 창발적으로 발현했다면, '다윈의 문제'는 여전히 풀리지 않는 수수께끼로 남는다.

또한, Chomsky(2004, 2005, 2008)에서는 Eric Lenneberg(1967) 등의 '생물언어학적 관점(biolinguistic perspective)'에 기초하여 인간의 진화과정에서 발현한 언어기능의 인지체계를 시각기관, 소화기관, 면역기관 등과 마찬가지로 인체에 유전적으로 존재하는 하나의 생체적 기관(organ)으로 보고, 이를 '언어기관(language organ)'이라고 명명하기도 하였다. 이러한 관점에서 보면, 인간의 진화과정에서 인간의 본유적인 인지체계인 개념의도체계와 감각운동체계의 요구에 의해 발현한 언어기능은 이들 본유적 인지체계의 요구에 의해 생겨난제3의 인지체계(cognitive system) 혹은 인지적 기관(cognitive organ)이라고 보아야 한다. 이는 진화론적 변화가 '변이와 적자생존(variation & natural selection)'의 원리에 따른 기존의 기관이나 기능의 점진적인 발전과 성장(gradual development and growth)이 아니라 이를 훨씬 뛰어넘는 새로운 체계나 기관의 발생까지도 보장하는 진화론적 발상의 대전환을 의미한다. 그것도 강력최소주의적 주장에서처럼 인간의 진화과정에서 아주 최근에, 급작스럽고 돌발적이며 창발적으로 발생한 것이라면, 이는 Chomsky(2014)에서 언급하는 단순한 '다윈의 문제(Darwin's problem)'가 아니라, 이를 훨씬 뛰어넘어 현대진화론 자체를 수정하거나 부정해야 하는 거대한 '현대진화론의 문제(modern evolutionism's problem)'를 낳는다. 아무리 인간의 진화과정에서 발현한 언어기능이 '최단순 병합'이라는 아주 단순한 연산체계 하나뿐이라 하더라도, 이러한 새로운 기관이나 체계의 발생은, Chomsky(2013, 2014, 2015)의 기대와 달리, 현대진화론으로 설명될 수 없는 영원한 진화론적 수수께끼로 남는다.

이러한 수수께끼 앞에서 '헤르만 헷세'를 생각해 본다. 합리적인 비판과 이성적인 통찰은 새로운 창조를 낳는다. 진정한 실체에 이르는 길은 한 세계를 깨뜨려야 한다.

필자(김용석(2012b, 2012f) 참조)는 언어의 발현이 진화론적 신비가 아니며, 우리가 풀어야 할 다윈의 문제도, 현대진화론의 문제도 없다고 본다. 왜냐하면, 인간의 언어기능(FL)(즉, 통사적 연산체계(C_{HL}))

이 인간의 진화과정에서 개념의도체계(CI)와 감각운동체계(SM)의 요구(즉, 접속부조건(IC))를 충족하기 위해서 창발적으로 발생했다는 강력최소주의적 주장은 그 자체로 허구이며, Chomsky(2013, 2014, 2015)에서 그렇게 발생한 유일한 인간의 언어기능이라고 주장하는 통사적 연산체계인 '최단순 병합'도 실존하지 않는 허구로 보기 때문이다. 진정한 진화적인 변화(evolutional change)는 새로운 기관(기능)의 창발적인 발생이 아니라 '변이와 적자생존'의 진화론적 원리에 의한 이미 존재하는 기관(기능)의 점진적인 발전과 성장(gradual development and growth)을 전제하는 것이다.

생성문법적 과업의 초기에 Chomsky(1972)에서는 "언어연구의 수행을 통해 우리가 밝혀내어야 많은 과제가 있다. 그 중에서 본인이 개인적으로 크게 흥미를 느끼고 있는 것은 언어의 연구가 바로 인간 지성의 본질적 특성(inherent properties of the human mind)을 규명해 줄 어떤 실체를 확인시켜 줄 수 있다는 가능성이다"라고 언급한 바 있나. 그렇다면, 언어연구의 수행을 통해 밝혀내려 했던 '인간 지성의 본질적 특성'이 과연 무엇이런가?

필자는 그 '인간 지성의 본질적 특성'이 바로 인간의 본유적인 인지체계를 이루고 있는 개념의도체계(CI)와 감각운동체계(SM)라고 본다. 생리학적으로 유기체의 모든 기관이나 체계들은 상호 긴밀히 작용하며 최적의 유대관계를 이룬다. 따라서 인간의 언어는 인간의 고유한 본유적인 인지체계인 개념의도체계와 감각운동체계의 상호

작용(interaction), 그리고 자연의 원리 하에서 이들 인지체계의 물질세계에 대한 반응과 인식을 기반으로 한 인간의 장구한 '변이와 적자생존'의 점진적인 진화의 결과로 약 7만 년-10만 년 전 현대인간의 조상인 호모사피엔스(Hómo sápiens)의 한 작은 종족 사이에서 발현했다고 본다. 또한 필자는 장구한 인간의 진화과정에서 언어의 발현을 촉발한 진화적 변화는 개념의도체계(CI)의 작용을 담보하는 사고기능의 성장과 발전이며, 감각운동체계(SM)의 작용을 담보하는 발성기관의 점진적 성장과 발전이라 본다.

이러한 관점에서 필자는 다음과 같은 가정을 제시한다.

(1) (ⅰ) 언어기능이란 통사적 연산체계는 존재하지 않는다. 인간언어는 개념의도체계와 감각운동체계의 직접적인 교신 하에서 이들 체계의 작용에 의해 생산된다.

(ⅱ) 모든 인간언어에서 개념의도체계의 작용으로 생산되는 사고적 표현(의미적 구조)은 보편적이며 획일적이다. 개별언어간의 변이는 물질법칙에 지배를 받는 감각운동체계의 작용인 발성적 외현화(음성적 구조)에 기인한다.

(ⅲ) 인간언어의 무한한 생산성은 개념의도체계의 생성적 작용과 감각운동체계의 변이적 작용에 기인한다. 음성단위들의 어순(linear order)은 감각운동체계의 발성적 외현화에, 의미단위들의 계층적 구조(hierarchical structure)는

개념의도체계의 생성적 작용에 기인한다.

이러한 기본적인 가정 하에서 필자는 사고표현과 의사소통의 수단
으로서의 인간언어는 장구한 인간의 진화과정 속에서 인지적 본성인
개념의도체계와 감각운동체계의 직접적인 교신을 통해 발현했다고
본다. 그 진화론적 발현 환경과 설계도는 다음과 같다.

(2) 언어의 발생:

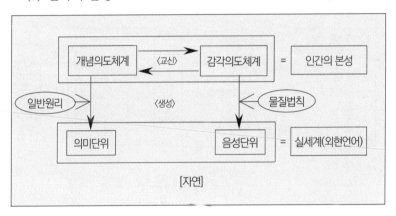

이제 필자는 위와 같은 언어 발현의 환경과 설계를 구체화하기 위
해 합리주의와 경험주의의 이상적인 접합을 모색하려 한 칸트를 다시
소환하고자 한다.

칸트에 의하면, 지성(Verstand)의 인식작용은 감성(Sinnlichkeit)
을 통한 대상의 경험에 의해 시작되지만, 지성은 이러한 경험을 통해

얻어진 개념들을 바탕으로 스스로 추리하는 이성(Vernunft)의 힘으로 물질세계에서 경험할 수 없는 비경험적인 개념까지도 창출한다고 주장한다.

이러한 칸트의 인식론(epistemology)을 도식으로 나타내면 다음과 같다.

(3) 칸트의 인식체계:

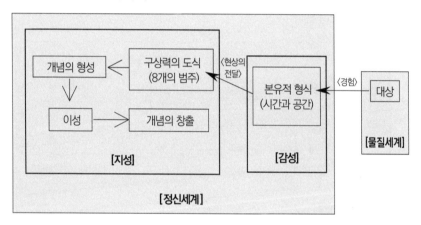

위의 도식에서 표현되어 있듯이, 칸트는 지성의 인식작용은 감성의 대상에 대한 경험과 경험된 현상(데이터)의 전달에 의해 촉발이 되지만, 인식작용 자체는 경험과 상관없이 지성의 독자적인 능력에 의해 진행된다고 본다. 즉, 지성은 스스로의 상상력(구상력)에 의해 도식(상)을 만들고, 그 도식을 통해 감성으로부터 전달받은 현상을 해석하여 개념을 형성하고, 다시 스스로의 이성(추리력)을 통해 새로운 신

개념을 창출한다. 여기서 언어학적으로 주목할 사안은 이성은 무제한적인 추리를 통해 무수한 신개념을 창출하는 일종의 생성체계라는 것이다.

이제 위 (2)의 언어의 발생을 위 (3)의 인식체계에 접목(개념의도체계〉지성), 감각운동체계〉감성)하면, 다음과 같은 도식으로 나타낼 수 있다.

(4) 언어의 인식체계

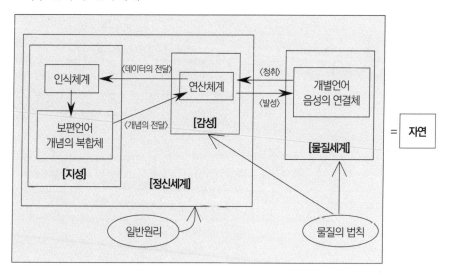

이러한 언어의 인식체계를 바탕으로 필자(김용석(2012b, 2012f) 참조)가 구상하는 소위 '칸트주의 언어학(Kantian Linguistics)'의 문법체계는 다음과 같다.

(5) 칸트주의 문법체계:

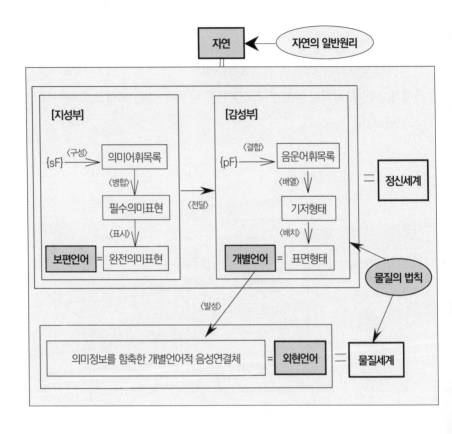

위 칸트주의 문법체계에서 지성부(Mind Component)란 칸트가 정
신세계의 한 영역이라고 보는 '지성'을 의미하며, 감성부(Sensitivity
Component) 역시 칸트가 정신세계의 또 다른 영역이라고 규정하는
'감성'을 말한다. 또한, 위의 도식에서 지성부에서 감성부를 거쳐 물질

세계로 이르는 연산과정은 개별언어의 생산과정이나, 물질세계에 존재하는 개별언어적 음성연결체를 청취하여 감성부로 전달하고, 다시 지성부의 완전의미표현에까지 이르는 역방향의 연산과정도 성립할 수 있는데, 이러한 역방향의 연산과정이 바로 청취를 통해 그 문장의 의미를 해독하는 정신세계의 인식과정이다.

칸트주의 언어학은 보편문법의 설명적 타당성(explanatory adequacy)을 지나치게 강조하는 촘스키식 생성주의 언어학(지성부와 관련되는 언어특성의 연구)과 개별문법의 기술적 일반성(descriptive generalization)만을 추구하는 소쉬르식 구조주의 언어학(감성부와 관련되는 언어특성의 연구)을 조화롭게 융합함으로써 문법체계의 설명적 타당성과 기술적 일반성을 모두 성취하는 새로운 길을 제시한다. 따라서, 칸트주의 언어학은 '다윈의 문제'를 뛰어넘고, 합리주의와 경험주의가 진정한 실체(진리)를 추구하는 길에서 적대적인 대립의 관계가 아니라 상호 보완적인 협력의 관계에 있음을 선언한다.

칸트주의 언어학은 언어의 진정한 실체에 대한 새로운 도전이다. 필자는 자연 속에서 감성을 통해 무한한 변이의 질서를 갖는 물질세계와 호흡하며 무한한 창조를 만들어가는 이성의 신비를 지성으로 마주하면서 인간의 존엄을 새삼 깨닫는다. 이제 필자는 정지된 관념과 그동안 갇혀온 생성문법적 신조(generative doctrine)를 깨고, 창의적 이성의 세계와 변이적 감성의 세계를 자유롭게 탐험하면서 인간의 본성과 언어의 본질을 새로운 눈(칸트주의 언어학의 관점)으로 헤아려 보려고 한다.

「Noam Chomsky의 강력최소주의와 표찰화 이론」의
집필을 마치며,
2020 여름의 끝자락에서
저자 김용석 씀

저자 憚岡 김용석

현재: 문학박사/ 한성대학교 명예교수
　　　한국생성문법학회 자문위원

경남 밀양 출생
육군사관학교 영어과 교수
한성대학교 영어영문학부 교수
미국 캘리포니아대학교(어바인) 객원교수
미국 하와이대학교 교환교수
미국 몽크레어 주립대학교 연구교수
한국생성문법학회 편집위원장/회장
현대문법학회 경인지역 회장
현대영미어문학회 부회장
한국언어학회 연구이사/섭외이사
국제한국어교육학회 섭외이사
한국영어영문학회 상임심사위원
서울국제생성문법 학술대회(SICOGG 1996/2004) 대회장
아시아 GLOW 학술대회(2003) 대회고문
한성대학교 학생처장/교무처장/인문대학장/총장(대학장) 직무대행
천주교 서울대교구 돈암동성당 총회장 등 역임.
박사학위논문 심사위원: 서울대학교/서강대학교/이화여자대학교/한국외국어대학교/
　　　전남대학교/원광대학교/청주대학교 등
외래강의: 연세대학교(대학원)/숭실대학교(대학원)/덕성여자대학교(대학원)/경희대학교 등
초청특강: 한국언어학회/한국영어영문학회/학국생성문법학회/서울형식문법연구회/현대문법학회/
　　　동남언어학회/한국중원언어학회/미국언어학회(LSA)/동아시아이론언어학회(TEAL)/
　　　하와이카톨릭힌국어학회(HCKLS)/연세대학교 인문예술대학/고려대학교 통사론연구회 등

著書

Licensing Conditions on Syntactic Representation, 한신문화사 1986.
『지배-결속 이론의 기초』(공저), 한신문화사 1991.
『결속이론』, 한신문화사 1992.
『통제이론』, 한신문화사 1993.
『대용화 문법론』, 한신문화사 1995.
Minimalist Approach to Syntax and Morphology (공편), 한국문화사 1995.
Morpho-Syntax in Transformational Generative Grammar (공편), 한국문화사 1996.
『최소주의 재귀사 문법』, 한국문화사 1999.
『생성문법론』, 경진문화사 2000.
『GB 통사론과 영어의 문장구조』, 경진문화사 2000.

『언어학사전』(공저), 박영사 2000.
『변형과 제약』, 경진문화사 2001.
The A/A-Bar Dependencies in Korean: A Minimalist Approach, 경진문화사 2002.
『변형문법의 이해』(공역), 한신문화사 2003.
『변형생성 영어언어학』, 경진문화사 2003.
『지시의존 문법론』, 경진문화사 2004.
『영어의 통사구조와 변형생성문법』, 경진문화사 2004.
『최소주의문법의 이해』, 한성대학교 출판부 2006.
『최소주의문법의 탐구』, 한성대학교 출판부 2007.
『변형생성 영어통사론』, 한성대학교 출판부 2007.
『영어의 구조와 문법』, 한성대학교 출판부 2008.
『영어 언어학의 이해』, 한성대학교 출판부 2008.
『영어의 통사구조 연구』, 한성대학교 출판부 2010.
『영어구문의 이론과 실제』, 글로벌콘텐츠 2011.
『강력최소주의 이론: 그 분석과 전망』, 글로벌콘텐츠 2012.
『최소주의문법 Glossary』, 글로벌콘텐츠 2012.
『언어와 이성 –Chomsky를 넘어서 칸트주의 언어학으로–』. 한성대학교 출판부 2012.
『Noam Chomsky의 강력최소주의와 표찰화 이론』. 글로벌콘텐츠 2021. (본서)

研究論文

A Minimalist Approach to Some Problems of Long-Distance Anaphora of Reflexives. 「LSA
발표논문」.

A Minimalist Approach to *wh*-Interrogatives in Korean. 「TEAL 발표논문」.

On Multiple *wh*-constructions in English. 「*Language Research 24*」.

A Probe-Goal Approach to the EPP-Effect of *wh*-Interrogatives in English and Korean.
「현대문법연구 46」 외 80여 편.